市民・自治体・政治

再論・人間型としての市民

松下　圭一

（法政大学名誉教授）

北海道自治研ブックレット No. 1

目次

本日（二〇〇七年六月二〇日）、《市民》という言葉について、あらためて皆様とともに考える機会をおつくりいただいた、北海道地方自治研究所にまず感謝したいと思います。

今回の当研究所における公開講演のテーマ決定にあたって、理事長をされている神原勝さんから、四〇年前、一九六六年の『思想』六月号にのせた「市民的人間型の現代的可能性」をふまえ、人間型という《市民》の位置づけについての再論というかたちで、市民概念の今日的論点についてのべるようにとの、強い要請がありました。

今日は、「市民の時代」といわれていますが、なぜ国の政治では財政は破綻するとともに劇場政治といわれるような幻惑状況がうまれるのか、また、市民のみじかな政治といわれる自治体でも、なぜ自治体破産という問題がひろく顕在化したのか、という日本の政治緊張について考える機会をいただいたわけです。

北海道でみても、自治の誇りをもって新課題の法務・財務にとりくむ先駆型の市町村が輩出するにもかかわらず、国依存の甘えによる補助金がらみなどで財政破綻する市町村がみられます。ついで北海道庁も、国の北海道開発庁→国土交通省北海道局があるため、戦後も自治体として自立できず、二〇〇七年で道債残高五・六兆円、道民一人あたり約九九万円の借金、しかも自転車操業にあたるのですが借換債が急速にふえ、また財源不足のため二〇〇八年度についての開発予算の概算要求をさしあたり「空欄」とするなど、道の政治・行政も危機状態にあります。この事態は歴代の知事、議会、職員幹部の責任ですが、従来のような小刻みの手直し改革にとどまるようでは、北海道沈没となるでしょう。

としますと、あらためて、市民という問題設定を基軸に、今日の危機状況にある自治体のみならず、財政破綻の国のあり方までふくめて、転型期日本の政治状況全体について、皆さん方とともに考えざるをえないことになります。このため、今回、テーマを『市民・自治体・政治』、副題は「再論・人間型としての市民」としました。

［なお、二〇〇七年七月二九日の参議院選挙で、年金管理、官僚天下り、官製談合など官僚批判を起点に、地方での生活格差拡大をくわえて、自民党長期政権への不信がかさなり、ついに自民党は「歴史的」といわれる敗北となりました。その基底には、都市型社会の深化にともなう、中進国型ムラ票、団体票の解体、先進国型批判票・浮動票の拡大の加速があります。ようやく、日本でも先進国型政権交替の始まりが現実性をもってきたといえるようです（補記）］

なお、自治体再構築については、『北海道地方自治土曜講座』をはじめ、幾回も御当地ですでにお話していますが、これらのすぐ「役にたつ」その実務課題については、二〇〇五年、公人の友社刊の拙著『自治体再構築』でまとめていますので、これを御検討ください。

［1］ 転型期日本と市民の問題性

二〇〇〇年代の日本は、数千年の歴史をもつ農村型社会から都市型社会に移行し、この都市型社会にふさわしい政治・行政、経済・文化の構築にむかうという転型期にあります。この転型は、明治にあらたにかたちづくられた、過渡性をもつ国家主導の官治・集権社会から、市民主導の自治・分権社会への移行でもあるという、日本の文明史的転換といってよいでしょう。

国、自治体の政治・行政について、この官治・集権から自治・分権への転型という都市型社会の課題にとりくめないかぎり、日本は中進国状況のまま没落するという予感がはじまっています。たしかに日本の産業技術あるいは大衆文化はすでに「世界共通文化」を構成しつつあります。だが、この日本の没落という予感を二〇〇〇年代の今日、もはや否定できません。

最初からきびしい論点をだしまして申しわけありませんが、この日本の国ないし自治体の転型という再構築の課題には、次のような背景があります。

（１）　巨大な政府借金の問題性

国、自治体をふくめ日本の財政は、バブル、これにつづくデフレという政策失敗のため、国、自治体あわせてＧＤＰの一・五倍をこえる、かえせないほどの借金をつみあげてしまったため、今日も日々、さらに時々刻々、巨額がふえつづけ、実質、破綻しています。ＥＵの加入条件がＧＤＰの〇・六倍ですから、いかに膨大な借金かおわかりいただけるでしょう。敗戦国なみの借金といわれる理由です。

だが、この巨大借金をなくすため、従来型の激烈な国家破産をみちびく調整インフレをおこすことは、日本が都市型社会にはいったためできません。インフレをおこしますと、老齢年金、健康保険、雇用保険、また介護保険などの膨大な積立金が「無」にちかくなって消えさり、今日の政官業複合ついで知識人、マスコミもくわわる現政治・行政、現経済・文化の急激なシステム崩壊がひきおこされるからです。

この借金の全額を直ちにかえす必要はありませんが、できるだけはやく半分以下ないしＥＵ加入条件のＧＤＰ〇・六倍以下にしていかなければなりません。とくに、現在の日本の金利はデフレ対策をひきついで低くおさえていますから、通常金利に回復すれば、国・自治体ともに、現在の巨大借金は複利方式でみるみる膨張していきます。国の政府が必死に日本銀行の金利引上げをおさえこもうとしている理由がこれです。低金利による円安は輸出に有利でも、これではひろく市民の貯金金利も収奪されるという問題もつづきます。

なぜ、このような政府財政の破綻となったのか。国・自治体の政治家の未熟、官僚・行政職員の劣化、ジャーナリスト、理論家の批判なきその日ぐらしがそこにあります。基本には、私たち市民の批判力・拮抗力の低下も考えてよいでしょう。いいかえれば、情報公開すらもはじまったばかりという、私たち市民の政治をめぐる品性・力量の中進国型欠落があります。かつての福沢諭吉らの「文明」にたいする期待にこたえるどころか、今日のお話の主題となるのですが、私たち日本の市民は退化しているのではないか、という問いなおしが必要となっています。

(2) 少子高齢段階への移行

日本は周知のように少子高齢段階にはいり、ついに人口減はもちろん、経済成長率の低下、ついで高齢者福祉費の増大という時代となります。明治以来、工業化・民主化による後・中進国型経済高成長を追求するという、「日本の近代化」、つまり「進歩と発展」の段階は一九九〇年代に終りました。

だが、低成長にともなう「成熟と洗練」という先進国段階にはいれるか、という問が新しくでてきます。そこには、日本はこの先進国状況にもはいれず、中進国状況のまま、「没落と焦燥」におちいるという危機感がにじみはじめているではありませんか。くわえて、中国、ロシアまたインド、ブラジルなどという後進大陸国家の新台頭という、圧力もくわわっています。

こうして、日本は明治以来、また戦前・戦中・戦後をとおした「進歩と発展」という歴史軸を、普遍市民政治原理（後述）を基軸におく、先進国型の「成熟と洗練」につくりかえうるか否かが、あらたに問われるようになっているとみるべきでしょう。

（3）政府行財政の縮少・再編

以上の（1）、（2）にともない、とくに戦後の一九六〇年前後にはじまる経済高成長、ついでバブル、デフレとつづくのですが、そこには、集票のためのバラマキをめざす自民党とむすびついていたのですが、官僚によるケインズ理論の安易な教条化がおしすすめられていました。とくにデフレ対策という名では、膨大なバラマキによる国、自治体の政府借金の急拡大がおこなわれていきます。

その結果、前述したＧＤＰの一・五倍以上の巨大政府借金に、日本の市民生活は耐えられるかが、今後問われていきます。そこには、すでに社会保障費の市民負担増大もはじまっているのですが、低生活者層ないし年金生活者層の増大のなかでの、市民生活ついで国民経済をこわす大増税も想定されることになります。

だが、大増税以前に、国、自治体の政府ともに、この間に水膨れした行政肥大・財政膨張をいかに縮少・再編するかを、問うことになります。これは、「大きな政府」か「小さな政府」かという、今日流行する低水準のスローガン選択の問題ではありません。日本では、国、自治体いずれも、水膨れした、しかも政府外郭組織までふくめた、政策・組織・職員をいかに縮少・再編するかこそが問われていくわけです。そこではムダな施策・施設の拡大だけでなく、官製談合による入札価格は二、三割はたかいというムダもかくされていました。つまり、市民が活性化する都市型社会にふさわしい、〈政策・組織・職員〉のあり方いかんという問が、そこにあります。

くわえて、国レベルでは劣化した省庁行政水準の再生、自治体レベルでは自治の誇りにふさわしい自治体行政水準の構築というかたちでの、官治・集権から自治・分権への政治・行政、経済・文化の転型をめざすという、日本の《成熟と洗練》という考え方への転換が急務となります。この《成熟と洗練》は、順次お話していきますが、日本における私たち市民の新しい文明史的課題設定です。

以上の（1）（2）（3）に対応する心構えないし覚悟が、日本の国、自治体の政治家、官僚をふくむ行政職員、さらにジャーナリスト、理論家、それに基本としては主権者たろうとする市民自体に、いまだできていないことこそが、今日の危機状況の核心となっています。もちろん、所得格差や福祉、都市、環境をめぐる制度再設計もそこでは問われています。その解決には、ここでみた（1）（2）（3）という、従来の日本の転型をふまえることが不可欠です。

だが、問題はさらに深刻です。日本の政治・行政では「連結財務諸表」の作成能力がないため、国も自治体も実質、どういうかたちで、どれだけの借金があるかを、官僚・行政職員自体が整理できず、したがってその公開もできておりません。このため、政治家、ジャーナリスト、理論家はもちろん、情報の整理・公開に直接責任のある官僚自体をふくめて、政治・行政の再構築、政策・制度の再構成をめぐる決断がおこないえないという、惨胆たる状況にあります。

国、おおくの自治体が財政破綻状況にあるのに、その実態を当事者の政治家ならびに官僚・職員も知らないという現実が、今日の日本の深刻な問題なのです。そのうえ、日本では、政治学、また行政学、財政学も、その解答を準備できないという、その不毛性ないし非生産性も確認せざるをえません。

二〇〇七年になって年金の記録管理をめぐって、社会保険庁の無能性があらためて表面化します。首相、官房長官、担当の厚生労働大臣、それに長官をはじめ社会保険庁職員が夏のボーナス一部返上という事態となり、私が従来のべてきた「行政劣化」というよりも、さらに「行政崩壊」というべき事態になってきました。

この社会保険庁問題は例外ではありません。各省庁もようやくバランス・シートをつくりはじめましたが、省庁間さらに外郭組織をふくめて、国全体のヨコの連結財務諸表がいまだにつくられておりません。それゆえ、国全体の借金の総額また各種社会保障積立金の実態すら、政治家、官僚自体、それに私たち個々の市民もわかりません。なぜ、この点について、ジャーナリスト、理論家はこれまで、オモイツキでなく、持続する論陣をはってこなかったのでしょうか。この層にも責任があります。

市民が無知なのではなく、情報を整理・公開する能力を、直接責任ある日本の官僚ないし自治体職員がもちあわせず、さらに政治家、ジャーナリスト、理論家がこれを追及してこなかったという事態自体が問題なのです。日本の私たち個々の市民は、特別会計、外郭組織などをふくめ、国、ついで多くの県、政令市、それに市町村の惨胆たる今日の財政現実については、情報公開がなければわかるはずがありません。

私は、かねがね、日本の政治・行政の生理・病理構造をしめす政策指数ないし行政指数、とくに財務指数の時代オクレを指摘しました。拙著『自治体再構築』（二〇〇五年、公人の友社）の第3論考「シビル・ミニマム再考」もこれです。なぜ、日本の政策・制度づくりをめぐる政治・行政水準が低いのか、という理由をこの指数のタチオクレからも、御理解いただけると思います。

当然、自治体レベルでの政策・制度関連の指数のあり方も、そこで問題にしております。一番、簡明な例でいいますと、私は一九八〇年代から職員年齢構成の指数をめぐって、すでに今日の退職金危機を問題にしていましたが、つい最近まで各自治体の財政担当をふくむ行政当事者すら、それに財政学者、行政学者も指数がないため、あるいはあっても読みとれないため、この論点をアヤフヤにするか、気づいていなかったのです。だが、とうとう、自治体のいわゆる二〇〇七年問題というかたちで退職金危機が現実となりました。この危機は、職員年齢の逆ピラミッド構造のため、ほぼ五年前後はつづくことになります。

北海道庁の財政問題はすでにのべましたが、退職手当債でも二〇〇七年度のみで二六〇億円の新規発行です。どのように行政縮少ないし行政再編をはかるかによりますが、今後最悪の場合には、どれくらいの退職手当債発行が必要になるか、という問題となります。だが、この関連財務指数について、あらかじめの整理・公開がないため、道民はもちろん、道議員、道職員も、最後は夕張市のように主権者市民へのツケになる、その財務実態がワカラナイという事態です。

この行政の縮少ないし再編にあたっては、各県、各市町村のムダな施策の整理・廃止はもちろんですが、給与水準のみならず職員数の人口比も当然に問題になります。総務省では人口一〇〇〇人あたり職員何名という指数をつかうため、問題が鮮明になりません。逆に私のように職員一人あたり市民何名という数字にすれば、論点が明確になります。

ここで、大阪府での市の指数を政令市をのぞいて比較できる**図1**をみてください。行政水準の低劣な政令市の大阪市問題をみて、大阪府の市全部の財務指数が悪いのではないかとお考えになっている方々もおられると思いますが、各市の間で職員一人あたり市民一七〇人から七〇人まで二・五倍の格差があり、各自治体の財務構造は同型ではなく、不均等であることがわかります。ここにこそ、各市の市民、ついで長・議会、職員の自治責任が鮮明にあらわれます。

図1　職員1人当り市民数の市間比較（大阪府）

	職員1人当り市民
岸和田市	96.5
豊中市	97.9
池田市	74.7
吹田市	100.2
泉大津市	95.7
高槻市	141.3
貝塚市	93.9
守口市	106.3
枚方市	134.6
茨木市	144.0
八尾市	111.7
泉佐野市	74.2
富田林市	127.8
寝屋川市	138.2
河内長野市	169.3
松原市	112.7
大東市	132.4
和泉市	117.7
箕面市	82.2
柏原市	104.2
羽曳野市	173.5
門真市	124.9
摂津市	111.1
高石市	123.3
藤井寺市	105.5
東大阪市	121.8
泉南市	106.2
四條畷市	118.2
交野市	134.9
大阪狭山市	127.1
阪南市	100.1

（2006年4月1日現在・吹田市作成）
［職員数には市立病院をのぞく］

たしかに職員の少なさと行政の質とは、直接ではなく、関連の関係となります。とくに借金の多い自治体では職員減はさしあたりの急務ですが、市民からみれば、人件費の負担が軽ければ、厳選された個別施策の高い質ないし文化水準をめざすことができます。

私は一九九〇年代までは、市レベルでは職員一人あたり市民一二〇～一三〇名というような基準値を設定していました。だが、自治体の借金もふえ、国の財源が実質破綻している二〇〇〇年代の今日では、一四〇名以上でなければ、各市の財政は持続できないとみています。町村では職員一人あたり五〇名というところもありますが、もう一〇〇名以上でなければ町村も持続可能とはなりません。すでに一五〇名以上をめざして、行政水準・組織編成の改革をすすめている市も多くあります。大阪府では、**図1**にみるように、一七〇名前後の二市があります。

ぜひ北海道でも、まず、このような誰にもわかる職員一人あたりの市民何人という指数の整理・公開をすすめてください。各市、各町村の市民、ついで長・議員、それに職員の間での緊張感が異ってきます。

私は以上の指数問題をめぐって、『日本の自治・分権』（一九九六年、岩波新書）でも指摘してきましたが、旧自治省、現総務省の感度はきわめて悪いといってよいでしょう。財務指数にしても、ここ一、二年でようやく、初歩である連結実質赤字比率というような財務指数の作製にとりくみはじめたにすぎません。サジかげんでの地方交付税の配分基準をふくめて、総務省の行政水準がいかに低いかが、ここでも露呈しているわけです。

さらに、むつかしい論点があります。かねてから、私は日本再構築をめざしながら、省庁官僚をはじめとする「行政劣化」を批判してきました。だが、今日ではさきにみましたように、行政劣化どころか「行政崩壊」ともいうべき状況が、国民からの受託された年金積立金について、グリインピアなど周知のムダづかいだけではなく、さらに本務である記録管理すらもできていない社会保険庁をふくめ、医療行政、保健行政、食品行政などから金融行政、建設行政、教育行政などまで、ムダづかい、汚職、偽装、それに手抜き、不作為が、行政の全域にひろがっています。そこには、また、予算をオミヤゲにする官僚天下りを中核として、公務員とほぼ同数の職員（国税庁調査）をかかえるさまざまな外郭組織が寄生し、国費、自治体費のムダづかいがはびこります。

くわえて、「政治未熟」については、最近さらにその「幼稚化」もくわわります。郵政をめぐるアクロバット選挙ではマスコミが躍って「小泉チルドレン」の大量当選、それぞれの国がそれぞれ独自の美しさをもつのに「美しい国」日本をめざすという安倍首相の問題設定における独善性も、あらためて注目したいと思います。

くわうるに、小泉首相はテレビの前で歌ってみせてアメリカ大統領を当惑させるだけでなく、靖国問題をめぐる国際論点についての常識欠如、安倍首相は「オトモダチ内閣」といわれて組閣自体に失敗しているだけでなく、従軍慰安婦問題についてのアメリカ議会からの批判にみられる国際論点についての常識欠落も、政治家としての「幼稚化」をしめします。この小泉首相、安倍首相ともに、日本独自の「国柄」の強調、つまり戦前型の「国体」論の系譜につながる、一九六〇年前後のオールド・ライト系の発想をかかえこんでいます。

《世界共通文化》が成熟しつつある二〇〇〇年代の今日、日本独善型のオールド・ライト系発想をもつ首相がつづくこと自体、日本の政治における普遍市民性の未熟、さらにマスコミの低水準をしめし、政治の幼稚化すらもたらすといってよいでしょう。このオールド・ライトについては、拙著『戦後政党の発想と文脈』（二〇〇四年、東京大学出版会）を参照ください。

この政治の土台にある「社会」では、農村型社会における餅状のムラ状況から、砂状のマス状況をうみだす都市型社会への移行にともない、都市型社会固有の論理によって、犯罪、偽装、事故、汚職などが日々連続し、「社会の解体」ではないかという事態も進行していきます。

市民個々人の自治能力を訓練しえない、国家統治型の官治・集権「政治」の崩壊は、市民自体の市民性の未熟となって「社会」自体の解体をうみだしていくことになるのです。多様な市民活動がつくる多元・重層性をもつ市民自治型の自治・分権「政治」をつくるとき、はじめて《現代》

としての、開かれた「市民社会」の誕生となります。

戦後、「進歩と発展」に期待をふくらませながら、普遍文明原理としての工業化・民主化、つまり「経済成長」（工業化）と『日本国憲法』（民主化）を基軸として、日本は再生をめざしてきました。その結果、工業化・民主化がうみだす「都市型社会」の成立をみ、二〇〇〇年代、日本は後・中進国型の「進歩と発展」という発想を、先進国型の「成熟と洗練」へときりかえるべき転型期にはいるはずでした。

にもかかわらず、以上にみたような政治の未熟・幼稚化、行政の劣化・崩壊というかたちで、中進国状況のまま停滞するのではないかという、「没落と焦燥」を予感させる時点に日本はたつことになります。これには、また各地域、とくに東京圏をはじめ大都市での巨大地震という夢魔も、現実性をもってくわわります。

明治国家の再編による自治・分権を指向した二〇〇〇年分権改革すらも、その成果の定着以前に、市町村合併、道州制への関心が移行し、政治家・官僚、ジャーナリスト・理論家のおおくは無責任にもそちらに流れていきました。ここからも、日本の戦略課題である「分権化・国際化」へのとりくみへの手がかりをうしないます。そのうえ、この二〇〇〇年代でもなお、前述したオールド・ライト系政治家主導の閉鎖国家型また国家統治型発想がつづきます。

［2］日本における市民活動の出発

以上をふまえるとき、二〇〇〇年代における日本の政治・行政、経済・文化の転型をめぐって、あらためて、市民の可能性を問う必要が急務となってきます。本日は、その可能性をとくに自治体再構築の文脈のなかで、あらためてとらえなおしていきたいと思います。逆にいえば、自治体、また国という各レベルでの政府それぞれの再構築は、市民の可能性からのみ出発できるからです。

私は「自治体職員論の再構成」を二〇年前、一九八四年九月、自治労系の『月刊自治研』（三〇〇号記念号）に書いています。その主要論点は、市民を自治体職員からどうとらえるべきか、というところにありました。

その頃、自治体職員は公務員・労働者という「二面性」をもつというのが、自治労の公式の理論構成となっていました。この考え方にたいして、私は自治体職員は、まず「市民」であり、この市民を前提に、市民、公務員、労働者という三面性をもつのだという考え方を提起していきました。この三面性は、すべての職業人にあてはめることができます。

教員をしていた私は、市民、政治学担当、労働者、銀行員は市民、銀行の経理係、労働者、会社員は市民、工作機械要員、労働者、芸術家も市民、洋画家、労働者、農家も市民、稲作者、労働者といったかたちで、あらゆる人々はこの三面性をもちます。いわば（1）普通人としての市民（citizen）、（2）専門家としての職業人（specialist）、（3）サラリーマン化して収入をうるための労働者（labour）という三面性です。

この三面間の矛盾は、誰もが永遠に解決できません。私たち都市型社会における「現代人」としての個人は、いかなる職業につくにしろ、この三面緊張を生きなければならないわけです。そのとき、ある人は（1）、またある人は（2）、さらにほかの人は（3）に重点をおくかもしれませんが、この三面緊張を生きることになります。

（3）については憲法でも労働条件をめぐる「労働基本権」が保障されます。農業者や商店主などの個人自営業主、それに家事労働の女性も、類比で自分の労働の自己管理が必要です。（2）では、専門も今後たえず細分化しますが、自己能力をのばす、あるいは自己実現としての仕事のたのしさ、さらに使命感が問題となります。（1）からは、市民としての「自由・平等」「自治・共和」また「公開・公平」などという市民倫理が問われます。

このような私の自治体職員「三面性理論」を、当時ただちに自治労はうけいれました。だが、いつのまにかこの〈三面緊張〉を見失なうことになります。二〇〇〇年代にはいって、自治体の財政危機とあいまって露見してきた、自治体職員をめぐる職場の裏金、秘密の雑手当や格安公務員宿舎、第二退職金、あるいは官製談合、また国の省庁官僚ほどではありませんが、県や政令市を中心にみられるカネつき天下りのための外郭組織づくりなど、極論すれば、国の官僚と同型の「公務員の犯罪」ともいえる反市民性がみられます。これらの公務員の問題性は、ひろく市民、さらに公務員自体の〈市民性〉への「敵対」ではありませんか。

つまり、自治体労働組合は国の省庁労働組合も同型ですが、個別の自治体機構に寄生する閉鎖型「企業組合」としては、公務員性と労働者性の二面性は表裏の関係になるため一致し、矛盾しません。だが、そこに市民性を前述の三面性としてくりいれるそのとき、この（1）市民、（2）公務員、（3）労働者の三面間に矛盾がおきてきます。なぜなら、公務員性は市民代表としての長・議会の制御のもとにあり、労働者性をめぐる基本の給与は市民の税金からでているため、公務員性、労働者性はいづれも市民の監視・制御のもとにあることになるからです。

この矛盾については、いちはやくに自治体職員自体が問題としてとりあげ、その克服を訴えた一九八〇年の拙編『職員参加』（学陽書房）を参照ください。市民参加との対比のなかで「職員参加」を定式化し、法定の縦割行政からくる仕事さえすればよいという従来型の「職務参加」からの脱却、つまり、「市民」としての自治体職員の再生をうったえました。

では、戦後もつづく明治国家型発想では問題とならなかった、この《市民》とは「何」、そして「誰」なのでしょうか。

日本では、市民という言葉は都市型社会に移行しはじめ、市民活動が出発する一九六〇年前後から、マスコミなどでつかわれ、日常用語として定着していきます。それまでは、市民という言葉は、福沢諭吉ら明治の啓蒙期理論家によって、英語でいえばcitizenの訳語としてつくられた学術用語であり、とくにヨーロッパ研究の学術用語にとどまっていました。このような「市民」をめぐる問題状況は、今後、中国をはじめアジア、アフリカなどの後・中発国でも、普遍性をもってみられます。

たしかに、市民の原型は古代地中海都市国家の武装市民、中世ヨーロッパ自治都市の都市貴族、また近代ヨーロッパにおける資本主義都市のブルジョアでした。いづれも、〈財産〉と「余暇・教養」をもつ都市支配層ないし都市貴族だったのです。

ここで、明治初期の啓蒙期につくられた「市民」という言葉の文脈を注目したい思います。日本語には《都市》という言葉があります。この都市という単語の都と市は意味がちがいます。都すなわちミヤコは政治支配層の管制高地、歴史でみればいわば王城の地であったわけです。このため、ミヤコには領域にたいする貢納・徴税＝搾取、つまり富・人材の蓄積からくる栄華、さらにはある場合、エジプト、カンボジア、インカのように「地域文明」もかたちづくられます。市というイチは地域経済圏あるいは広域交易街道にもとづいた交流拠点でした。そこでは、物流だけでなく、同時に人流・情報流の結節というかたちで、「地域個性文化」のヒロバとなります。イチは、いわば、ヒト・モノ・情報したがって文化のヒロバだったわけです。

英語でいえば、citizenをイチの民という意味での市民と訳した、明治啓蒙家たちはその文脈をよく理解していたといえます。しかし、市民自治ないし都市自治を背景とする市民という言葉は、その後日本ではひろくつかわれることなく、一般には国規模での「臣民」ないし「国民」、地域規模ではたんなる住んでいる人という「住民」か、さらには市町村、県という行政区画による市民、町民、村民、あるいは県民という言葉がつかわれるにとどまりました。

しかも、「人々」（peopleとしてのひとびと）を意味する「人民」という言葉は、「人民の旗赤旗は…」といった歌詞にみられるようにいわば左翼に独占され、戦後はソ連圏の「人民民主主義」というような連想とむすびついていったため、一九六〇年代の日本ではもう死語になっています。

ところが、一九六〇年前後、日本が「都市型社会」に移行しはじめるにつれて、市民という言葉は、福祉・消費問題、さらに地域・都市づくり、公害・環境問題などといった都市型社会の固有課題をめぐり、当時「市民運動」とよばれて出発しはじめた《市民活動》を背景に、ひろくマスコミに定着しはじめます。この時点が、市民という言葉のつかい方における、日本での画期となります。

そこには、一九六〇年前後、都市型社会への移行のはじまりにともなう、（1）都市人口の拡大、（2）市民活動の出発が、その背景にあります（その理由は後述）。日本は戦後の経済高成長の過程で、農村型社会から都市型社会に、そのとき移行しはじめたわけです。一九六〇年前後からの市民という言葉の新しいひろがりには、この都市型社会への移行という、日本の文明史的新段階をみなければなりません。

私の最初の著作は、一九五九年の『市民政治理論の形成』（岩波書店）でした。ジョン・ロックをモデルに市民政治理論の古典的形成を定位しましたが、この拙著での市民の意味は、前述したヨーロッパ歴史研究における《近代》市民でした。だが、都市型社会への移行がはじまる一九六〇年前後から、市民活動の成立を背景に、《現代》市民の定位があたらしく私の理論課題となっていきます。

そのころ、日本の理論は未熟で、①「ブルジョア」と「市民」の区別、さらには、②「近代市民」と「現代市民」との区別もついていなかったのです。しかも、市民という言葉をつかうとき、「市民主義者」という党派的レッテルすらはられるほど、市民という言葉は、右の「国民」派、左の「階級」派を両極として、まだひろく理論家から敵視されていました。

私は、この①については、「ブルジョア」という《階級概念》ないし《歴史概念》と、「市民」という《人間型概念》ないし《規範概念》とは、理論次元が異なるというかたちで区別します。②の「現代市民」については、私は《現代》としての大衆社会→都市型社会を前提とするという文脈で、資本主義というかたちで工業化・民主化がはじまりつつあるとはいえ、いまだ農村型社会にとどまる《近代》の市民とは異なると位置づけます。

私は《現代》市民を、当時、大衆社会ないし都市型社会の成立を背景に、時代の要請にこたえるかたちで位置づけたのです。この定式化が『思想』一九六六年六月号にのせた拙稿「市民的人間型の現代的可能性」でした。この人間型とは人間の発想・行動つまり人格の特定様式ないし型と御理解いただいてよいでしょう。

その後、この現代市民について、さらに、

一九七〇年「シビル・ミニマムの思想」（『展望』6月号）

一九七一年『市民参加』〔拙編〕（東洋経済新報社）

一九七一年『都市政策を考える』（岩波新書）
一九七五年『市民自治の憲法理論』（岩波新書）
などでの多様な文脈で設定し、従来の農村型社会を前提とした国家統治発想から、都市型社会からはじまる市民自治発想への、理論ついで社会・政治の構造転換をめざしていきました。
この「市民」の登場をめぐっては、（一）現実政治では、市民活動の胎動を起点に一九六三年（第五回統一自治体選挙）からはじまる当時の市の三分の一におよび、市民自治とシビル・ミニマムをかかげた革新自治体の群生、また（二）あたらしく都市型社会を想定した社会理論の幅広い発想転換については、一九七二年からの『岩波講座・現代都市政策（伊東光晴、篠原一、松下圭一、宮本憲一編・全一二巻）』の刊行が、都市型社会における自治・分権型の政策・制度づくりを提起したため、従来の農村型社会の官治・集権型の政策・制度をくつがえすかたちでの注目をあび、それぞれおおきな影響を日本の運動・思想・理論状況にもちます。
以上の経過について、くわしくは、私の回想録『現代政治＊発想と回想』（二〇〇六年、法政大学出版局）を参照ください。

［3］都市型社会の規範人間型

ところで、市民という特別の人々がいるわけではないことを、まず考えていただきたいと思います。

市民とは「誰」かと問われたとき、それは私たちです、と答えざるをえません。ただ、市民とは「何」かと問われるならば、かつての〈国家統治〉という考え方を離脱ないし批判して、〈市民自治〉を起点とする考え方をもつ人々、いわば、自由・平等という生活感覚、自治・共和という政治文脈についての規範意識をもつ人々ということになります。つまり、市民型規範を自覚して考え、活動する「人間型」ということになります。逆にいえば、「市民」という人間型を想定しうるようになった、私たちが市民なのです。

しかし、この市民型規範は特殊な規範ではありません。今日、民主政治は《世界共通文化》として、地球規模での政治組織原理となっています。この民主政治が代表・選挙手続で成立するか

図２　市民規範

Ⅰ基本規範	市民自治・市民共和	市民主権
Ⅱ価値規範	①市民自由＝人権・平和 ②市民福祉＝シビル・ミニマム	自由権＝人格価値 社会権＝生活価値
Ⅲ組織規範	選挙・機構分立・法の支配	自治体 国 国際機構 ─ 政府責任

ぎり、「愚民」を前提とするならば、民主政治は「愚民政治」となってしまいます。とすれば、民主政治は、自由・平等という生活感覚、自治・共和という政治文脈をもつ《人間型》としての市民を前提としないかぎり、なりたちえないことになります。民主政治が実質可能となるには、その主体の個々の人々が、「市民」という人間型を規範として設定せざるをえないことになります。いいかえれば、《市民政治》こそが本来の民主政治なのです。

その意味では、日本における市民という人間型についての私の理論提起は、『ポツダム宣言』受諾による占領「民主主義」つまり「戦後」民主主義の批判でもあったわけです。

事実、『日本国憲法』は図2に整理した市民規範＝普遍市民政治原理によってなりたっていたからこそ、戦後半世紀以上つづきえたのです。自民党改憲派すらもその『新憲法草案』では、「前文」は全文書きかえていますが、条文では「吏員」などの憲法字句の訂正はあっても、実質的に条文を変えるところはなく、第9条問題すらも、『不戦条約』という普遍条約からくるため一項は残り、二項をどうするかのみが、改憲論点になるにとどまっています。これでは「改憲」とはおおげさで、特定条文の修正つまり「修憲」にとどまるだけではありませんか。拙著『転型期日本の政治と文化』第3章「市民立憲への憲法思考」(二〇〇五年、岩波書店)でのべた、「整憲・加憲・修憲」という考え方を検討してください。

ただ敗戦から一九六〇年代までは、この市民規範＝《普遍市民政治原理》については、自民党中心のオールド・ライト、共産党・社会党中心のオールド・レフトが、いづれも戦前の国家統治型発想のため理解できませんでした。『日本国憲法』をオールド・ライトは「オシツケ憲法」、オールド・レフトは「ブルジョア憲法」とみなして、軽ベツしていたのです。

くわえて、国の政府を明治憲法型用語である「統治機構」とよび、機構分立を行政権中心の「三権分立」とみなして、国会がもつ国権の「最高機関」という位置づけを「政治美称」にすぎないとみなす、国家統治型発想が戦後もつづく講壇憲法学者は、今日でもこの普遍市民(民主)政治原理の、「世界共通文化」としての普遍性を理解していないというべきでしょう。『日本国憲法』は不幸な出発をしていたのです。

その後、一九六〇年前後からの市民活動の始動もあって、明治国家型の発想をうけつぐ旧来のオールド・ライト、オールド・レフトの政治家、理論家を批判して、新しくこの『日本国憲法』をふまえるニュー・レフト、ニュー・ライトをめざす政治家・理論家の登場をみます。ようやく普遍市民（民主）政治原理の日本における定着がはじまります。

以上にみた戦後の理論状況の変化については、拙著『政治・行政の考え方』（一九九八年、岩波新書）、さらに『現代政治＊発想と回想』（二〇〇六年、法政大学出版局）を参照ください。またニュー・レフト、ニュー・ライトの成立については『戦後政党の発想と文脈』（二〇〇四年、東京大学出版会）が、一九六〇年前後の政党配置にそくしてのべています。

つまり、日本に市民という規範人間型がひろく定着しはじめるには、一九六〇年前後からの《都市型社会》への移行のはじまりを背景とする市民活動の出発にみられるような、日本の私たちにおける思想革命ないし生活革命が不可欠だったのです。

そこには、まず第一に、市民個人の相互性の自覚が不可欠でした。人々は超越的な天・神、あるいは君主また国家によって統合されるのではなく、市民の相互性としての〈市民社会〉を構成するという理解が基本となります。

古くは『論語』や『マタイ伝』にのべられ、あるいは「黄金律」ともいわれてきましたが、「汝の欲するところを他人にもなせ」という個人の相互性による社会構成です。近代にはいれば、この考え方が「社会契約」ないし「憲法」という社会・政治構成論理になったことは、周知のとお

図3　政治イメージの模型転換

在来型	国家 ｜ 国家 ｜ 国家 ｜ 国家 ｜ …
転換型（政府：Ⅴ・Ⅳ・Ⅲ）	Ⅴ　国際機構（国際政治機構［国連］＋国際専門機構）
	Ⅳ　国（ＥＵもこのレベル）
	Ⅲ　自治体（国際自治体活動を含む）
	Ⅱ　団体・企業（国際団体／国際企業を含む）
	Ⅰ　市民活動（国際市民活動を含む）

図4　市民公準

Ｘ合意公準	①政策目的の普遍性	（普遍目的による規制）
	②政策手段の妥当性	（適正手段の選択）
	③政策結果への責任性	（責任手続のくみこみ）
Ｙ選択公準	①公平性（社会的）	（最大正義）
	②効率性（経済的）	（最少費用）
	③効果性（政治的）	（最適効果）
Ｚ策定公準	①最低保障の原則	（ミニマム政策の要請）
	②政策革新の原則	（先駆型開発の要請）
	③簡明簡便の原則	（わかりやすさの要請）

りです。

第二に、「社会分業」の専門化、「価値分化」の多様化がすすむ都市型社会の今日、一国閉鎖性は崩壊し、**図3**にみる五層化にみあって、地域規模、国規模、地球規模でのⅠ市民活動、Ⅱ団体・企業活動が多元・重層化してくりひろげられることとなります。そのとき、とくに特殊利益をいかに調整するかをめぐって、普遍市民政治原理による**図4**に整理したような、市民型調整をめざす《市民公準》の確立が、

図5　政府・経済・政策・法・文化の重層化

国際機構	世界経済	世界政策基準 （グローバル・ミニマム）	→国際法（条約） ［国連憲章］	世界共通文化
国	国民経済	国の政策基準 （ナショナル・ミニマム）	→国法（法律） ［憲法］	国民文化
自治体	地域経済	地域政策基準 （シビル・ミニマム）	→自治体法（条例） ［自治体基本条例］	地域個性文化

図6　近代化=工業化・民主化の構造論理

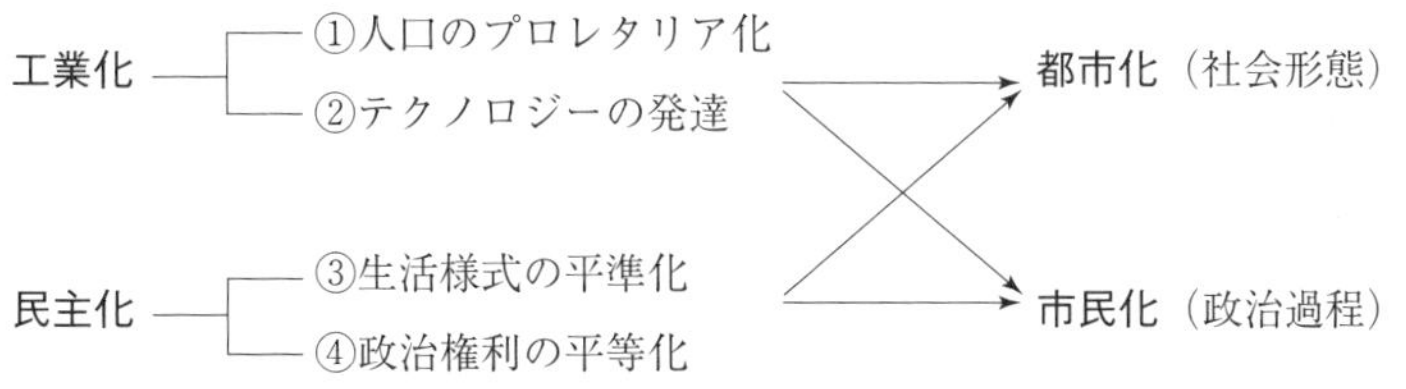

人口のプロレタリア化つまり日本語でのサラリーマン化は、今日ではシビル・ミニマム保障もあって、必ずしも貧困化を意味しない。

自治体、国、国際機構という各政府レベルで不可欠となります。

この市民規範・市民公準の明文化が、**図5**にみる今日性をもつ自治体、国、国際機構の「基本法」、つまり基本条例、憲法、国連憲章という問題連関です。

第三には、この市民規範・市民公準による政治・行政、経済・文化の市民型再構築が、日々の「個別・具体」の政策・制度改革をめぐって、自治体、国、国際機構の各政府レベルで、それぞれ問われることになります。

市民からの出発というのは、以上にみた第一、第二、第三の論点を区別し

図7　都市型社会の生活・政策特性

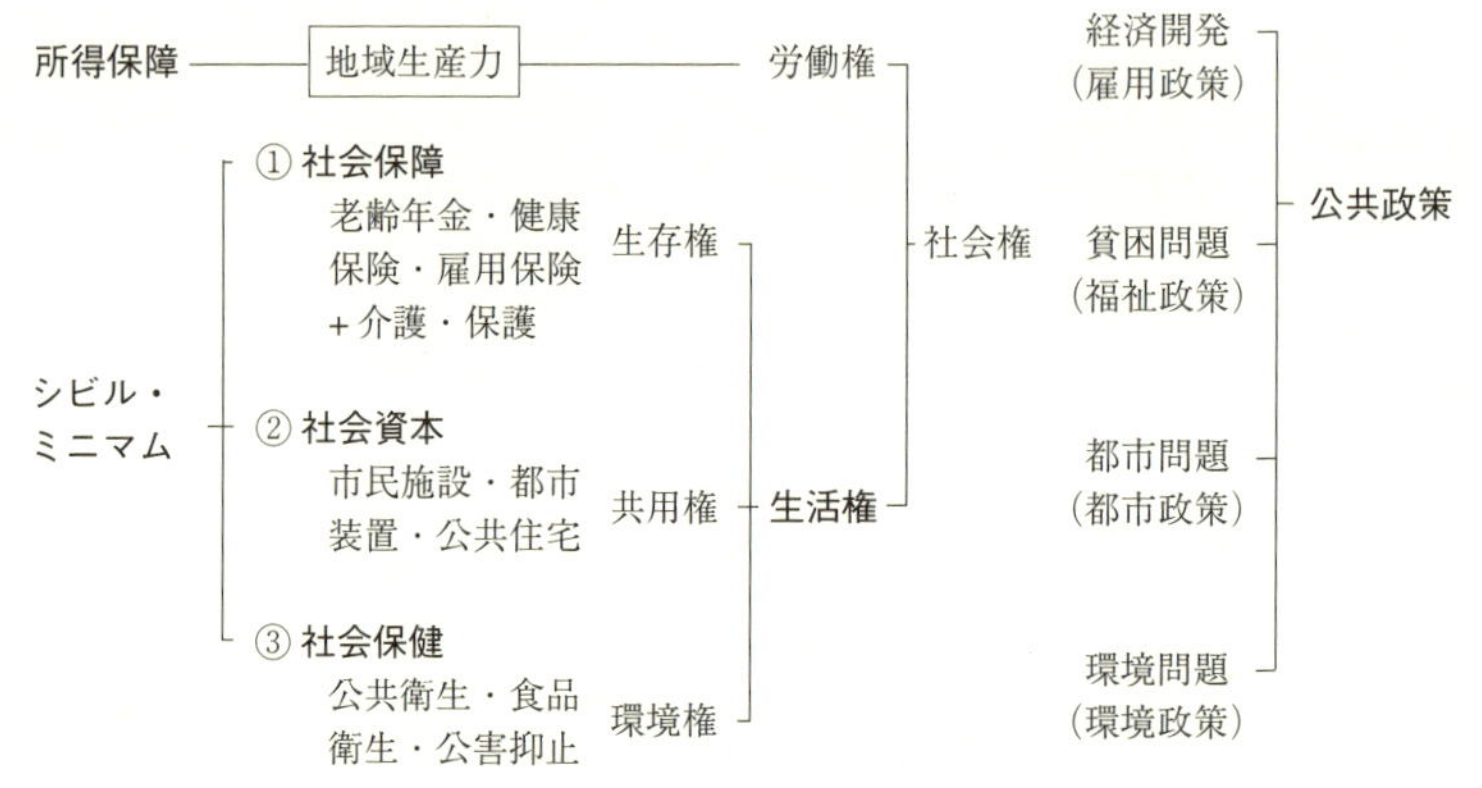

ながら考えることにあります。

では、以上のような問題性をもつ《現代》の〈市民〉がなぜ、今日先進国からはじまり、やがては中・後進国をふくめながら、順次、地球規模で展開するのでしょうか。基本は図6にみるような近代化としての工業化・民主化という推力にあります。

この図6にみる工業化・民主化の構造連関は、私の回想録である『現代政治＊発想と回想』（二〇〇六年、法政大学出版局）の主題としていますが、私の《現代》のとらえ方としての大衆社会→都市型社会という問題設定も、この工業化・民主化という文明軸からきています。

私の大衆社会論の理論軸は、図6のくりかえしとなりますが、次のような工業化・民主化という文明軸をふまえてかたちづくりました。

図８　政策課題の歴史展開・理論特性

伝統政治段階（農村型社会）	近代化（過渡段階）			《市民政治》段階（都市型社会）	
	Ⅰ型課題	Ⅱ型課題	Ⅲ型課題		
支配の継続（原基政策）	国家の構築（絶対国家）	経済の拡大（経済国家）	生活権保障（福祉国家）	政治スタイルの転換	世界共通課題
貢納・徴税政策＋治安・軍事政策	国家統一政策	経済成長政策	福祉政策 都市政策 環境政策	分権化 国際化 文化化	国際人権　核危機 南北調整＋侵略 環境保全　テロ
伝統政治理論	一元・統一型理論構成（国家統治）	二元・対立型理論構成（階級闘争）	多元・重層型理論構成（大衆政治）	分節政治理論	

歴史的展開　→　現代的累積

←　現代的再編

工業化　①人口のプロレタリア化
　　　　②テクノロジーの発達
民主化　①生活様式の平準化
　　　　②政治権利の平等化

ここから、テクノロジーの現代形態としてのマス・プロダクション、マス・コミュニケイション、マス・コンサンプションと同型のマス・デモクラシーが《現代》特性をもつ政治形態として成立することになります。もちろん、このマスは形態特性ですから、収入や熟練、名誉の階層格差は今後もきびしくのこり、その調整のための制度規制はもちろんすすみますが、マス化のなかで続くとみてよいでしょう。

以上が私の〈大衆社会〉論の基本です。この基本がそのまま都市型社会概念の基本となります。この基本から、都市型社会における、次のシビル・ミニマムをめぐる、私の現代生活構造論の構築となっていきます。

ここで、図7（本書三二頁）における、シビル・ミニマムの設定をみてください。かつて数千年つづく農村型社会の生活では、社会保障・社会資本・社会保健は分化せず、ムラ自治というかたちで、地域共同体規模での解決をしてきました。王権・帝権は前頁の図8にみたように、近代化I型政策の開始による国家の成立まで、貢納・徴税あるいは治安・軍事の原基政策以外は、庶民の地域生活に介入しなかったのです。「王力なんぞ我にあらん」で、そこには「自（オノ）づから治まる」地域自治があったのです。

『桃太郎』という日本昔噺をここで想起してください。「ムカシムカシおじいさんとおばあさんがおりました。おじいさんは山に柴刈りに、おばあさんは川に洗濯に…」。これは、地球各地にみられた農村型社会の生活原型です。だが、今日はどうでしょうか。

農村型社会では地球各地で、エネルギー源の柴や生活前提の水は地域自給でした。都市型社会では、この地域自給の条件となるムラ共同体は崩壊していきます。とくに一〇〇万人単位、一〇〇〇万人単位の大都市の成立をみる都市型社会は、エネルギー源や水源は地域規模をこえて、国規模、あるいは地球規模の巨大システムで供給されることになります。エネルギーの石油は国際システムで供給され、水も国規模で建設される巨大ダムを必要とするではありませんか。また昔の道も残りますが、今日では鉄道や高速道路の全国ネット、航海や航空の国際システム、とくに情報では地球規模のＩＴを想起してください。

それゆえ、都市型社会では、これらの〈管理〉が巨大かつ精密となるため、自然災害から戦争・テロ、あるいは担当者個人の不注意にはモロイ構造をもつという、その特性を私たちは自覚して、何重もの安全・安心装置を、地域規模、国規模、地球規模で工夫しておくことになります。

農村型社会での生活条件の管理は、いわばムラの慣習によっています。この農村型社会での政治は、「権力」による貢納・徴税ついで治安・軍事つまり原基政策にかぎられていました。せいぜいこれに治水や交易・軍用路がくわわる程度でした。

しかし、都市型社会では地域自給ないしムラ慣習が工業化・民主化という近代化の文明軸によって崩壊しているため、私たちの生活条件であるシビル・ミニマムの整備ないし管理は、自治体、国、国際機構という各政府レベルでの政策・制度によっておしすすめます。

つまり、都市型社会では、シビル・ミニマムをめぐって管理→行政→政治という問題連関が成立します。政治とは農村型社会ではムラ共同体をこえて上から支配する「権力」の原基政策にとどまったのですが、都市型社会での政治の原型は貢納・徴税、治安・軍事という原基政策はのこるものの、このシビル・ミニマムの「管理」が基本となります。

生活条件の整備ないし管理をめぐる「ムラ慣習から政策・制度へ」という文明史的転換が、そこにおきているわけです。この政策・制度には、私たち市民による「公開の合意」というかたちで、立法・予算、つまり政府の権限・財源をめぐる法制化が不可欠となります。そのうえ、近代における国家の存在理由だった国の法律だけでなく、自治体の条例、国際機構による普遍条約も、都市型社会では不可欠となってきました。

とすれば、図8（本書三三頁）でみたように、近代の「国家」とは、数千年つづいた農村型社会から都市型社会への転換期、つまりヨーロッパの一六、七世紀にはじまる《近代化＝工業化・民主化》の過渡媒体ないし過渡推力だったといわなければなりません。今日、工業化・民主化が地球規模での普遍文明軸となったかぎり、絶対とみなされた〈国家〉は、自治体、国、国際機構という〈政府三分化〉のなかで、先進国から、順次、三政府レベルでの国レベルの政府というかたちで、相対化されていきます。

もちろん、工業化・民主化つまり近代化が出発したばかりの後発国では、今日でも国家いいかえれば官僚組織や国民議会の構築という図8（本書三三頁）にみる近代化Ⅰ型政策が緊急となっています。今日の先進国欧米では一六、一七世紀ごろから、いわゆる国家がこの近代化Ⅰ型政策をとり、工業化・民主化が始動しはじめました。ついでⅡ型政策では国民経済の成熟による工業化・民主化の定着がすすみ、Ⅲ型政策ではその成果として拡大した国富の再配分というかたちで、国家主導の福祉・都市・環境政策がととのえられはじめます。これまで、いわゆる二〇世紀前半における「国家機能の拡大」とよばれていた問題状況は、とくにⅢ型政策の成立を意味していました。

しかし、つぎの「市民政治」段階では、この国レベルの政府は、自治体レベルでの数百から数千にいたる基礎自治体＋広域自治体、国際機構レベルでは国際政治機構（国連）＋一〇〇前後の国際専門機構によって相対化されていきます。二〇世紀後半からの先進国からはじまる、多元・重層という政治状況がこれです。政府の三層性をめぐる**図3**（本書三〇頁）をあらためてみてください。

この都市型社会では、前述しましたが、数千年つづく農村型社会のムラを単位とする地域自給・ムラ自治が終わり、人々は工業化によってプロレタリア化つまりサラリーマン化します。しかし、このサラリーマンはサラリーつまりフローの収入だけでは生活できないことに、あらためて、注目すべきでしょう。

今日、**図7**（本書三二頁）にみたように、個人のフローとしての所得のほかに、社会のストックとしての社会保障・社会資本・社会保健の問題領域が、自治体、国、国際機構という三政府それぞれの課題にみあった政策・制度によって整備されないかぎり、私たちは生活できないという生活構造になっています。ですから、日本の昔噺の「大判、小判がザクザク」あるいは「蔵がタットサ」という、フロー中心の〈私〉の「富」についての考え方は、当然ながら農村型社会の考え方だったのです。

社会保障・社会資本・社会保健という生活条件のミニマム保障（『日本国憲法』二五条）というかたちで、社会ストックが〈公共〉の「富」として整備されないかぎり、都市型社会の私たち市民は生活できません。拙著『シビル・ミニマムの思想』（一九七一年、東京大学出版会）、また『都市型社会の自治』（一九八七年、日本評論社）を参照ください。

この都市型社会では、個人ができることはまず「個人自治」で解決する、だが個人で解決できない生活条件については、その「ミニマム整備」を三政府による公共保障とする、ついでミニマム以上は自由な「個人選択」とする、という考え方が不可欠となります（後述）。

そのとき、社会保障（福祉）、社会資本（基盤）、社会保健（環境）については、図5（本書三一頁）のように、ナショナル・ミニマムとしての国基準、グローバル・ミニマムとしての世界基準も必要ですが、生活の土台は地域個性をもつ地域にあるため、この地域特性をいかすシビル・ミニマムとしての自治体基準こそが不可欠の基本となります。これが、政府の三分化にともなう法の三分化です。ここから、都市型社会では、この自治体も地域政府となり、その自立をめぐって、従来の「国家」つまり国中心の考え方の《分権化・国際化》がすすみ、自治体、国、国際機構という政府の三分化をめぐって、政治全体の再編が不可欠という考え方への転換となります。

以上をふまえたとき、なぜ、日本が都市型社会にはいりはじめる一九六〇年前後から市民活動が出発したのかが、あらためて説明できます。一九六〇年前後の当時、日本社会は全体としてはまだ農村型社会だったため、（1）不可欠のシビル・ミニマムについては量・質ともにその整備はナイナイづくしだったこと、また（2）当時の日本の国の法制はムラ共同体＋官僚統治という明治国家の構造を前提としていたため、シビル・ミニマムの公共整備という都市型社会独自の市民課題への対応が当時できていなかったことが、その理由です。

都市型社会のシビル・ミニマムの公共整備という課題について、当時の日本の政治・行政、また法学がいかに時代オクレだったかについては、拙著『市民自治の憲法理論』（一九七五年、岩波新書）で整理し、とくにその官治・集権型法構造という時代錯誤性をまとまったかたちで批判しています。

さらに、なぜ一九六三年から一九七〇年代まで、「革新自治体」が群生し、のちに保守系も加わる「先駆自治体」に継承されていったかも、ここで説明できることになります。つまり、都市型社会のシビル・ミニマムの公共整備には、①市民活動の起動力、②政策・制度の地域性をふまえる、自治体の政府としての自立が不可欠だったためです。つまり、明治国家型の官治・集権から市民政治型の自治・分権への、日本の政治・行政、経済・文化の再編が不可欠となっていたのです。

この革新自治体は、拙著『現代政治＊発想と回想』でふりかえりましたように、地域個性をいかすシビル・ミニマムの公共整備を政策綱領としてたかくかかげていました。一九七〇年、田中角栄元首相の『日本列島改造論』は、官僚発想もくわえたそのマキカエシだったとみることができます。

もちろん、明治以来、否日本の古代律令制以来の官治・集権の思想ないしシクミは一瞬には転換できません。革新自治体の実質も、首長だけが革新という「泥田の中の丹頂鶴」と、私がのべたような実情でした。当時、市民のおおくはまだ、オカミ崇拝のモノトリ型であるだけでなく、町内会・地区会という地域のムラに組織されています。職員は明治以来の官僚法学、講壇法学による官治・集権意識を刷りこまれつづけていました。議員も農業者や自営業者のコズカイ銭カセギだったのです。

その後、順次、《市民自治》が起点というかたちに市民の考え方も変わりはじめ、職員、議員・首長、さらに理論家、ジャーナリスト、また国の政治家も、まだ表見的にとどまりますが、自治・分権型にその発想を変えはじめます。その結果として、ついに、〈二〇〇〇年分権改革〉となるわけです。

二〇〇〇年分権改革には、また、前述したような国家統治型の国家から「派生」するという自治体の位置づけを、「市民」から出発し、自治体、国を市民課題の「補完」と位置づけるという、明治以来の政治・法学理論の大転換も不可欠でした。

たしかに、一九六〇年代からの市民活動ついで自治体改革の蓄積には、日本の文明史的転換である都市型社会への始動、これにともなう《市民》という言葉の日常化による規範人間型としての市民概念の、日本における初定着が不可欠だったことを、あらためて確認したいと思います。

しかも、そこでは、市民が政治の起点として自立しうる条件も、都市型社会の成立によって準備されてきたのです。

Ⅰ　都市型社会での工業化・民主化の成熟は、シビル・ミニマムとしての生活条件の整備によって「余暇と教養」を、すべての人々に準備していきます。農村型社会におけるように、「朝には星をいただいて出で、夕べには月を仰いで帰る」というような生活では、「余暇と教養」という市民自治の社会前提自体が成立しなかったことになります。

すでにのべましたように、古代地中海、中世・近代ヨーロッパの各都市の市民は、いづれも都市の支配層でした。〈財産〉を基本に「余暇と教養」のある支配層市民だったからこそ、市民としての品性・力量を自己訓練して、熟達した市民自治としての都市自治が「持続」する制度として成りたちえたことを、確認すべきでしょう。この「余暇と教養」が、日本では、一九六〇年代からの経済高成長（工業化）、ついで『日本国憲法』（民主化）の定着の開始という、都市型社会への移行とあいまって、ひろく個人全般に成立していくかぎり、市民活動の出発は必然だったのです。

この点くわしくは市民活動ないし市民参加をはじめてまとまったかたちで著作として整理した拙編『市民参加』（一九七一年、東洋経済新報社）の編者論文「市民参加とその歴史的可能性」（拙著『昭和後期の争点と政治』一九八八年、木鐸社所収）をみてください。

第二には、シビル・ミニマムの公共整備のナイナイづくしのため福祉・都市・環境問題が、当時、とくに社会保障制度の整備、あるいは都市の自動車交通、また地域生活をめぐる公害というかたちで激発していきます。そのとき、当時の政府は、農村型社会の官治・集権体質のため、国も自治体も都市型社会独自の新しいこの政治争点に理論ないし政策・制度として対応しうる、考え方さらに即応の準備もほとんどできていなかったのです。ここから、国・自治体にたいする批判・参画としての市民運動の激発、ついで革新自治体の群生がおきるのは当然でした。

たしかに二〇〇〇年代にはいれば、シビル・ミニマムについての「量充足」をほぼおえて、その政策課題は「質整備」にうつるとともに、また本書第一章にみた日本自体の財政破綻、さらに少子高齢化という条件変化もあって、このシビル・ミニマム関連の制度再設計というその再編こそが急務として日程にのぼっています。

しかし、一九六〇年前後は、この「都市型社会」の特性、ついで「市民活動」「自治体改革」の出発、また「シビル・ミニマム」の公共整備については、国、自治体の官僚や職員、大学などでの理論家、またジャーナリストをふくめて、その想定すらおこなわれていなかったのでした。「都市型社会」あるいは「市民」「自治体」という言葉も、当時はいまだ未開拓の理論フロンティアだったというべき実状でした。政治についても、今日もつづく憲法学のように、戦前型の「国家統治」とみなされ、「市民自治」からの出発はいまだ考えられてもいなかったのです。

このため、当時、私は新しい思考範疇として、一九六〇年前後から、「地域民主主義」「自治体改革」、ついで「都市型社会」「市民自治」「シビル・ミニマム」などといった言葉を造語していくとともに、市民、市民活動、市民参加、市民文化、ついで自治体といった言葉についての新文脈を構築していくことになります。新しい時代には新しい言葉が必要となるからです。日本にとって、「市民」という問題設定がいかに画期性をもったかが、御理解いただけるでしょう。

同時期の一九六〇年の「安保国民運動」、つまり究極には「改憲」をめざしたオールド・ライト官僚派である岸内閣の日米安保条約改定にたいしての革新系反対運動について、多くが語られてきました。しかし、この「反対」の革新系国民運動、他方、「賛成」の保守系国民運動のいずれもが、戦前型の政党「指導」という考え方による、その外郭団体の上からの動員がほとんどでした。このため、保守・革新いづれの国民運動も、「個人参加」というよりも「組織動員」を中心に、業者団体あるいは労働組合などという外郭団体によるアゴアシつき、つまり弁当あるいは日当づきがみられたのです。

だが、一九六〇年前後の都市型社会の出発からはじまるのですが、地域課題、国際課題をめぐる市民活動は、個々の活動は少数者のさざ波であっても、自発性をもつ「個人参加」からはじまったということに、あらためて注目すべきでしょう。この市民活動はそれぞれがさざ波でも、日本全国におきたのですから、日本で画期となる大きなウネリがその後かたちづくられ、今日では国際規模で相互波及性をもちます。そのうえ、NPOという市民活動の法人化では、目的の特定というかたちで、市民活動は図3（本書三〇頁）のⅠ市民活動からⅡ団体・企業のレベルにうつって、持続性ある責任をもつことになります。

このような構造特性をもつ市民活動の自立後は、政党についての「指導」ないし「前衛」という言葉もなくなくなります。その後は、市民たちが政党を創出あるいは選択する時代にはいり、政党へのムラ型支持あるいは利害型支持という「組織票」が順次底抜けとなり、崩壊しつつあるとみるべきでしょう。いわゆる「無党派」票問題がこれです。二〇〇〇年代にはいると、ムラ＋官僚組織に依存した自民党永続政権の本格崩壊も問われはじめるのも、このためです。

とすれば、都市型社会が出発する一九六〇年代以降、とくに都市型社会が成立する一九八〇年代以降、日本におけるマス・デモクラシーのなかで、ムラ政治あるいは利権政治がたえず再編されながらも崩れはじめ、二〇〇〇年代では《市民政治》の成熟条件がようやくかたちづくられつつあるといえるでしょう。この市民政治では、市民にとっての政党とは、政府選択についての「媒体」という、いわばツカイステの「道具」にすぎなくなるわけです。

とくに、国では憲法となりますが、市町村、県でも日本の市民は「自治体基本条例」という、市民自治の「基本法」を自治体レベルでつくるようになっています。この《基本条例》という言葉は、私が造語しましたが、その理論背景については拙著『転型期日本の政治と文化』第四章「なぜ、いま、基本条例なのか」（二〇〇五年、岩波書店）を参照ください。

この基本条例の制定は、今日のところまだ九〇前後の自治体ですが、数百自治体となればその水準・成果もたかまり、明治以来の日本の官治・集権政治、とくに今日も官治・集権型の憲法学、行政法学、それに政治学、行政学もふくめて、自治・分権型に再編されることになります。

この自治体基本条例は、二〇〇〇年分権改革による機関委任事務方式の廃止という新地方自治法の成果もあって、市民による各自治体の組織・制御をめざすとともに、自治体では国法の運用基準として国法の上位基準となります。市民みずからによる、市民的人間型の規定からはじまる政府構築という制度構成が、この自治体基本条例の策定というかたちで、日本でも始動しはじめたのだといってよいでしょう。市民の成熟にむけての自治・共和型思考訓練が、地域不均等であれ、「学習」ではなく「政治」として定着しはじめてきたのです。

［4］　市民による政治現実の転型

ここであらためて、都市型社会における日本の現実政治での、市民の登場の意義をまとめておきたいと思います。全国各地でこの市民の問題性は不均等にあらわれますが、これまで官治・集権型だった従来理論が想定もしていなかった、自治・分権型への転型がすでにおきています。

1　市民行政と職員行政は反比例

市民が政治・行政についてナマケモノならば国、自治体の政府職員は多くなり、市民による政治・行政への批判・参画、とくに直接の行政としての市民行政が成熟すれば、政府職員は少なくてすみます。つまり、市民と行政職員との関係は反比例の関係にあります。市民と行政職員の「協働」ということばでゴマカスことはできません。市民間の協働は当然ですが、市民と職員の関係は「批判と参画」の関係で、協働というナレアイではありません。

事実、実例がしめすように、農道、林道は地域の市民たちでつくれますし、公民館も市民管理・市民運営ができるではありませんか。次頁の図9にまとめましたように、福祉、基盤、環境の各政策領域で、ひろく、すでに、多様な同型の可能性が進行しています。そこには、団体・企業による行政の登場もみるため、職員行政自体のシクミの自由かつ個性ある再編もおきます。

高度成長期、バブル期、デフレ対策期にそれぞれの文脈で水膨れした戦後職員行政の縮少ないし再編が、以上の基本論点から出発して、当然ながら、それぞれの自治体における市民ついで政治家による政治の課題となっています。

2　職員行政再編が市民課題

市民の基本原理は市民の「個人自治」です。市民がこの「個人自治」でやれる領域をこえる生活課題の次元では、ミニマムのみが「公共政策」となり、とくに政府はこの公共政策のなかのかぎられた政策のみを「政府政策」としてにないます。ついで、このミニマムをこえる領域はまた「個人選択」となります。ミニマムの公共保障をになう公共政策と政府政策との関係は、図9に図示しました。

現実にも、ほぼシビル・ミニマムの「量充足」をみつつある一九八〇年代以降、とくにバブル期、バブル崩壊にともなうデフレ対策期、いずれも「行政ミニマムの原則」をふみはずして、国は自治体をまきこんで、「量拡大」をめざしたムダをふくむバラマキ政策を拡大して、巨大借金をつみあげ、すでにのべましたように、二〇〇〇年代には実質、政府借金はGDPの一・五倍強（EU加入条件は〇・六倍）という、破産状態におちいります。東京タワーに表示されるように、二〇〇七年の今日も、日々、それも時々刻々と恐るべきスピードで政府借金は増えつづけます。

この間におきていた事態は、自民党の集票とむすびついていたのですが、国内市場拡大あるいは景気対策の名をかざした、ムダな施策ないし行政のムダによる、安易な行政の水膨れでした。膨大な政府借金をつみあげてしまった二〇〇〇年代にはいって、あらためて、行政は市民生活の「最低限度」の保障をめぐって、ミニマム以上は不可能だという、「行政ミニマム原則」を痛感しながら、再確認する事態となっています。

図９　公共政策と政府政策

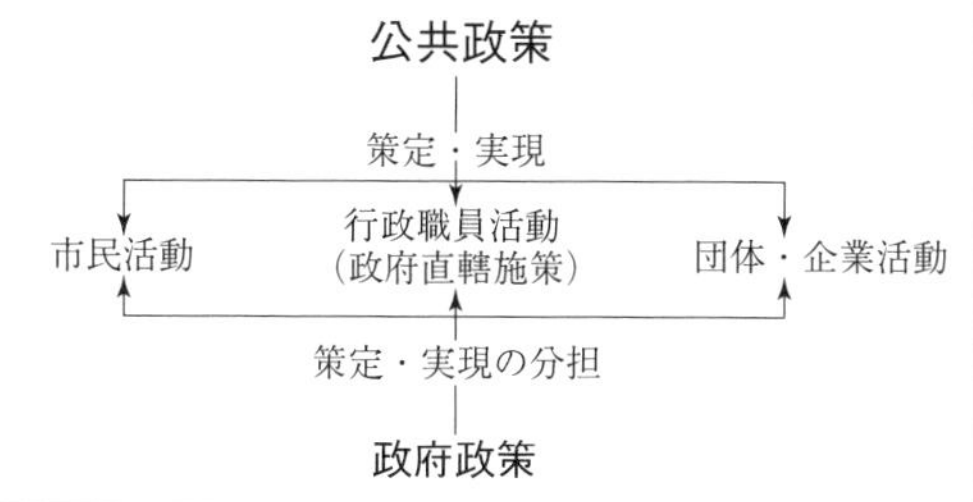

この行政の水膨れ、これにともなう財務破綻の解決には、大胆な政策→組織→職員の縮少・再編、つまり国、自治体の行政再構築が緊急となります。それゆえ、たえず必要となる新個別施策のビルドには、既成個別施策のスクラップ、アンド・スクラップが必要となります。だが、さらに国、自治体ともに巨大な既成借金を返さなければなりませんし、そのうえ利率が上がれば既成巨大借金自体が自動的に膨れ上ります。さあ、どうするかが、国、自治体の「財務」問題として、今日厳しく問われてきます。すくなくとも、年次の税収増あるいは不用財産売却などは、かならず、借金べらしにまわすべきなのです。

市民は政府の主権者であるだけでなく、政府の失敗の最終負担者でもあります。市民合意の計画を基本に、地域産業の整備・拡充は時間のかかるたえざる課題ですが、さしあたり政策→組織→職員の縮少・再編は当然かつ緊急の要請となります。失敗した明治以来の国家統治型の政治・行政を、あらたに市民自治型の政治・行政への転型が急務となる理由です。

3　市民の文化・情報水準、専門・政策能力の上昇

従来、日本の市民から、官僚ないし公務員は、絶対・無謬の国家観念という権威もあってエラ

イとみなされてきました。しかし、このエライとみられていた理由は、国家観念の神秘・権威だけでなく、官僚特権の保護のためからくる情報の非公開にあったといえます。

だが、今日、市民の専門・政策能力の上昇、またマスコミないしＩＴ技術による情報伝達、とくに市民活動による国、自治体との直接の参加手続による接触機会の拡大によって、行政の劣化つまり水準の低さ自体があきらかになってきました。とくに市民参加・情報公開の制度化は、行政内部におけるその独善性の論理をあばくことになっていきます。

社会保険庁の年金管理から、ひろく公共事業の官製談合、あるいは建築基準、環境基準などの偽装問題などなどがその典型で、日本の現行法制いかんを問わず、実質、これらは「公務員の犯罪」というべきです。最近では、かつての公害問題への対応と同じく、ゴミ不法投棄や食品基準などについて、とくに国、県のもつ権限をめぐる「不作為」つまりナマケの実態も露呈しつつあります。二〇〇〇年分権改革後は、最高裁判決もあって、法定の権限がなくても、市町村にも政府としての「不作為」責任が法廷で問われることを覚悟すべきでしょう。

市民は、都市型社会では、市民としての文化・情報水準がたかくなるだけでなく、「職業人」としての専門・政策能力が国、自治体の官僚、行政職員以上にたかくなるという事態を確認すべきです。ここで、とくにＩＴをめぐる官僚や公務員の時代オクレ、さらには会計制度はいまだに大福帳方式で連結財務諸表、原価計算、事業採算に未熟、また行政技術をめぐる著作権についての無感覚などを想起すべきです。行政における情報の整理・公開から法務・財務の低水準は、市民からみて今日では公然の常識となってきました。

こうして、かつては「国家」とよばれたのですが、そこには未熟な政治家、劣化した省庁官僚からなる、しかも日本では膨大な借金をかかえる国レベルの政府があるだけとなります。そのうえ、二〇〇〇年分権改革もあって、次にみるように自治体政府も国の政府から「自立」していきます。

4　市民起点の政策・制度づくり

絶対・無謬とみなされたかつての国家観念の権威のもとに、『日本国憲法』制定後も明治憲法のシクミをひきついで、行政とは最先端情報をもつと想定されてきた省庁官僚がつくる「国法」の執行とみなされ、自治体はこの国法の執行を〈機関委任事務〉方式で強制されてきました。自治体職員はもちろん、知事や市町村長も国の手足としての「機関」とみなされてきたのです。

「二〇〇〇年分権改革」によって、ようやくこの機関委任事務方式は廃止となり、官治・集権から自治・分権へという、政治・行政の制度論理の転換となってきました。この二〇〇〇年分権改革は、（1）国法つまり国の政策・制度の、①全国画一、②省庁縦割、③時代錯誤という特性ないし「構造欠陥」が明確となるとともに、（2）自治体レベルでの政策・制度づくりによるその「地域特性」が不可欠という認識がようやくはじまったため、急務となってきたのです。

とくに③についてみますと、都市型社会では社会の変化の速度がはやくなるため、国法の改正・新立法がオクレ、市民課題にいちはやく対応できるのはむしろ自治体条例となり、おくれて国法が追従することになります。この追従は市民活動、自治体改革が出発する一九六〇年代にはじまるのですが、建築・都市計画関連法から福祉・公害関連法まで、さらに今日の情報公開法や景観法などでは、自治体が先行し、国の省庁をリードしてきました。そこには、市民の専門・政策水準がたかくなるという前述の3をふまえて、市民→自治体→国という上昇循環が、かつての国（官僚）→自治体→市民の下降循環にかわってきたのです。

5　市民主権からくる自治体の位置づけ変化

従来の日本での考え方は、憲法学・行政法学のかくされた秘密だったのですが、戦後、『日本国憲法』による国民主権から出発するものの、国民主権は、いったん国家主権にもちあげて、国家主権におきかえられるため、官僚法学、講壇法学では国→自治体→市民という国家統治理論は戦前と同型で戦後もつづいてきました。

しかし、一九七〇年、前掲拙著『市民自治の憲法理論』で、市民から出発するならば、政治理論は市民→自治体→国という市民自治型の「政府《信託》論」に一八〇度転換せざるをえないというかたちで、明治以来の「国家統治論」の破綻を提起しました。その後、自治体の位置づけも、私と同型ですが、一九八五年の『EU地方自治憲章』、あるいはこれをモデルとする『国連地方自治憲章（案）』ですでに国際理論常識となっているように、自治体の位置づけは国家派生説ではなく市民補完説となります。明治以来の政治学・憲法学、行政学・行政法学の伝統理論の基軸である、自治体の国家派生説は破綻したのです。

ここから、自治体、国はそれぞれ課題の異なる独立の政府となり、国際機構をくわえて、図3（本書三〇頁）にみたような、自治体から出発してそれぞれの政府が市民を補完する「政府三分化」が定式化されます。

この各政府レベルでは、市民が主権をもち、市民による《信託》というかたちで、長・議会が市民の「代表機構」、職員はこの代表機構の「補助機構」という位置づけとなります。とすれば、国の官僚、自治体の職員は、「市民参加」ついで「長・議会」というかたちで、市民に制御される市民の「代行機構」にとどまり、もはやオカミではありえません。

6　職員の給与は市民の税金から

国際機構の財源は国からでているため間接的ですが、自治体、国の財源は、基本として市民個々人の「納税」によってまかなわれます。この財源の集め方、使い方は、また市民が「選挙」によってえらぶ、その代表機構としての長・議会が制度決定します。つまり、三レベルの政府の「財源」は「権限」とともに、それぞれ私たち市民の《信託》からきています。

だが、官僚や自治体職員に、自分たちの給与はお隣のオバサン、向いのオニイチャンからでているというと、精神的屈辱と感じます。なぜなら、日本の公務員は自分の給与は神秘で権威ある「国家」からでていると考えたがっているからです。自治体の職員も、政府間調整にすぎない国からの補助金・地方交付税問題もあって、国からきていると考えがちです。

隣のオバサン、向いのオニイチャン、つまり市民一人一人の顔がうかばず、「権限・財源」はこの市民からの信託によると考えないため、公金は官金となり、政治家だけでなく、国の省庁官僚、自治体職員も自由裁量という名で、ムダづかいなどから、官製談合、裏金、さらに汚職などなどという「公務員の犯罪」がつづきます。

7　国、自治体の人事再編と市民責任

今日の日本の行政機構は、その劣化、さらに政治家の未熟とあいまって、「パーキンソンの法則」そのままの集団となり、水膨れ状態となってしまいました。そのツケは二〇〇〇年代、目でみえるかたちでの国の巨大借金、おおくの自治体の財政破綻となってきました。このため、国、自治体をとおしての政府全体の改革、つまり日本の再構築は急務となっています。でなければ、このムダづかいの結果は必ず市民にシワヨセされ、主権者市民の負担増大となります。

そこには、さらに少子高齢による人口の絶対減少もあって、国、自治体それぞれの独自課題領域での政策・制度の再設計ないし個別施策の再編こそが緊急となっています。これには、当然、後・中進国型学校秀才の終焉を国、自治体の公務員法改革の基軸においた、日本の政策・制度の官治・集権から自治・分権への転型が急がれています。

日本の政治・行政における官治・集権から自治・分権への移行は、参加や世論のシクミだけで

なく、市民型人材の輩出、育成・選択のチャンスの多元・重層化でもあることを、確認しておきましょう。官僚型閉鎖性から市民型開放性にむけていかに行政機構を再編するかが、人事改革の基本になります。

外国モデルをふくめ、既成解答をなぞる学校秀才型のおおい後・中進国型官僚は、幼き頃から未来を構想する知恵と決断が必要となる、政治・行政改革には「役立たず」だということにたえず配慮して、公務員制度改革にとりくむべきでしょう。

旧日本陸海軍の最大の失敗は、軍学校卒業成績序列で人事を決定していたため、組織ついで思考の硬直化にともなう、その弾力性の喪失でした。戦後もつづくのですが文官の官僚組織も、次官候補を中心に順次同期生を排除する年功序列では同じく組織・思考の硬直性をもち、二〇〇〇年前後の日本沈没をまねいたという意味で、旧陸海軍と同型ではありませんか。この点は、「海図なき時代にはいった」と私がのべていた一九八〇年前後から、すでに戦後官僚組織の劣化として、問いなおしてきた論点ですが、今日も劣化したまま、その改革はすすみません。本書でものべているように、とくに、官治・集権型の講壇法学基軸の大学教育の失敗は歴然としています。

時代の変化のスピードがはやくなり、ひろく市民の情報・政策能力が特権官僚よりも高くなる都市型社会では、国、自治体をとわず、若き日からの幹部試験採用者は課長補佐ポスト以上の半数ぐらいにとどめ、あと半分は庁外からの「市民型人材」また「各種専門家」をあてるべきでしょう。変化の早い時代に、停年まで「秀才」でありつづけることは誰もできません。当然、省庁幹部は大臣（政治）任命制にするべきです。このためにも特権をもつ「恩給」系の公務員年金を早く廃止し、厚生年金に完全統合して、人事交流を拡げやすくする必要があります。

しかも、たえざる人事異動による、職務責任さらに職務熟度からのたえざる解除という公務員の個人無責任、ないしたえざる「栄転」のための腰かけのひろがり、さらには今日では周知の天下りによる退職後の制度化された高額所得をふくめて、公務員倫理についての市民による緊急議論が必要となっています。でなければ、すでにはじまっているように、人材は泥舟状態の公務員制度からのたえざる脱出となります。

もちろん、情報公開による市民の国、自治体への監視また参加への熟達が、主権者責任としても、あらためて市民に問われています。

8　市民への責任は法務・財務で

国、自治体ともに、法務の時代オクレ、財務の実質ハタンは、市民から「信託」された「権限」

「財源」の責任ある行使において、官僚、職員が永年にわたる、熟度不足としての「無能」、ないしサボリという「不作為」、からきていることがはっきりしてきました。

この問題点は、今日、「官僚タタキ」といわれるほど、当然のこととして国の省庁官僚にきびしくなり、また、「二〇〇〇年分権改革」以降は自治体も私があらためて再定位した「法務・財務」を新戦略とする新しい政府に再生すべきなのですから、自治体職員にもきびしく、市民は追及することになります。

《法務》については、政策法務・訴訟法務いづれにおいても、条例立法、国法運用、国際法引照が自治体の法務課題となりました。政府としての市町村、県は、地域特性をもつ課題、あるいは緊急のゴミ不法投棄、広告不法掲示、個人や事業所の近隣妨害などをふくめて、懲役をふくむ条例を自治体は政府責任として制定することになります。すでに硫酸ピッチ不法投棄には条例での懲役（二年以下）、罰金（一〇〇万円）が課され、「条例は法律に劣る」という時代は終っています。ただし、国法とおなじく、条例の執行可能かについては警察、量刑範囲については検察との検討が、立案の時点で必要です。

また政府間の「財源配分」という財政とは異なるのですが、現在もつ財源のヤリクリ、いわば「政策配分」という《財務》が、法務とむすびついて、行政縮少をめざす自治体の戦略課題となります。そのうえ、今後は未収金への配慮も緊急です。零細企業への融資をふくめ、比重のたかくなった自治体税から日々の給食費まで、誰にもわかる手続・ルールのもとでの徴取特別班によるその機動化をしないかぎり、二〇〇〇年代の自治体財務は自壊します。この財務でも、自治体の法務責任を明確にするという課題がひろがってきます。

ここに、「権限・財源」を市民からきびしく信託されている市町村、県は、その政府責任についての覚悟が、今日不可欠となります。二〇〇〇年分権改革によって、劣化した国の「法務・財務」に自治体は依存できなくなったわけですから、市町村、県は独自の見識と熟度で法務室、財務室という、新しい担当組織、少数の責任職員をおいて、市民にたいする法務・財務責任を明示すべきです。破綻自治体にみられるような通達・補助金依存という後・中進国行政は終ったのです。

なお、新戦略課題領域としての、この法務・財務については、拙著『転型期日本の政治と文化』第5、6章（二〇〇五年、岩波書店）、また『日本の自治・分権』第5章（一九九五年、岩波新書）、『自治体は変るか』第4・5章（一九九九年、岩波新書）を参照ください。

以上、八点に要約して、今日の都市型社会における市民と政治・行政との緊張をのべました。ここで整理した論点に、私たちはたえずたちもどって、考えざるをえなくなっています。私たち市民は、すでに偉大なる「父」のごとき、また慈愛ある「母」のごとき、「国家」の受益者ではなくなっています。国家自体が未熟な政治家、劣化した官僚による可変・可謬の、さらに日本では借金づけの政府にすぎません。日本の自治体政府も同型です。

ここで不可欠の視点は、第一に、政治・行政の情報の整理・公開がなければ、市民、政治家は全体展望をもつ政府再構築の発想・立論ができないこと、第二に、政治・行政の内部にいるはずの官僚、職員も、情報の整理・公開がみずからできないため、国、自治体それぞれの全体構造についで、その問題点がわからず、そのうえ市民参加の衝撃力がなければ、自己改革のとりくみもできないという事態です。

明治国家の解体の第一歩となり、さらに『日本国憲法』の運用改革となるという画期性をもつ《二〇〇〇年分権改革》の基軸である「機関委任事務」方式の廃止、これにともなう旧通達の失効、新通知の助言性すら、残念ながら、いまだに自治体の職員、国の官僚全体に周知されていません。これが日本の行政のナサケナイ現実です。このため、国の政府の中枢の内閣府でも、構造改革特区の「事前審査」の違法性を理解していません。それゆえ、自治体は、二〇〇〇年分権改革にもとづいた独自の政策・制度を自己責任で開発・実現し、問題が国の省庁との間におきれば「事後手続」をとり、国の役割を限定すべきなのです。

[5] マス・デモクラシーの多元・重層化

二〇〇〇年分権改革は、日本の都市型社会への移行にともなう、分権化・国際化という緊急の政治要請にこたえる必然性のある基本改革でした。国の政治家、官僚は、国の独自課題レベルの権限・財源以外の権限・財源を自治体に分権化しなければ、外向きになって、ひろく地球規模の国際化に対応できないからです。

しかし、問題はさらにこみいっています。そこでは、現代のマス・デモクラシーをどのように位置づけ、評価するかがあらためて問われてきます。このため、さしあたり、マス・デモクラシーにおける大衆政治と、市民活動ないし市民政治との関係を、思考の基本ワク組として設定しておく必要があります。

都市型社会におけるマス・デモクラシー、つまり大衆が表見では主権ないし主動力をもつかにみえる「政治スタイル」としての大衆政治は、他方における「政官業複合」による大衆操作とあいまって、誘導されていきます。この論点は、大衆社会論→大衆政治論の古典的論点です。国際機構レベルと異って、直接選挙による代表機構をかたちづくる自治体、国の政治では、今後も現代政治としての構造特性である大衆政治は続きます。現代民主政治がもつ宿命です。《市民政治》はこの構造特性としての大衆政治からの出発となります。

なぜなら、近代化としての工業化・民主化は、農村型社会固有のムラ共同体、ついで地域での共同体をたばねる領主→名望家による中間（身分）支配の崩壊をおしすすめて、普通平等選挙権の全般化としての大衆政治をうみだすからです。いいなおせば、大衆政治は農村型社会をほりくずした都市型社会（大衆社会）の産物です。この大衆政治は二〇世紀先進国から成立し、順次、今後、中進国さらに後進国に、工業化・民主化のスピードに対応して波及していきます。

都市型社会の個人は、農村型社会の農民などと異なり、「テクノロジーの発達」にともなう大量生産・大量交通・大量消費を土台に、サラリーマン化、つまり人口のプロレタリア化によって、「餅」状のムラ共同体から「自由」になった、「砂」のごとき、《大衆》となります。

そこでは、前述したように、この大衆の行動様式は、収入・熟度・威信による社会地位の格差はあれ、大衆文化のなかで「平準化」し、この大衆の政治参加はおなじく一票として、政治権利も「平等化」します（図6本書三一頁参照）。そのうえで、政官業複合ついでマス・メディアによる大衆操作が加わって、現代マス・デモクラシーとしての大衆政治の成立となります。

だが、この大衆政治の「進歩と発展」によって、「受動化した大衆」から、市民政治における「活力ある市民」がうまれるのではありません。ここが基本の論点です。

人々は、このマス・デモクラシーをふまえたうえで、前述のように（1）教養と余暇の拡大を前提に、（2）シビル・ミニマムの公共整備の要請とあいまって、生活をめぐって問題解決が必要なとき、いつでも、どこでも、構造必然として市民活動にとりくみます。また、その加速要因として、①市民参加・情報公開の制度整備、②マスコミ、ＩＴなどによる拡大効果もあって、自治体、国の各政府レベルでの市民政治の始動となります。しかし、問題が解決あるいは消失するとき、市民はまた「日常」にもどり、政治からの一時引退となります。

いいかえれば、大衆政治から市民政治への「進歩と発展」ではなく、現代では、しかも今後も、大衆政治と市民政治との間の「たえざる緊張」の〈無限循環〉となるとみるべきでしょう。

私が一九五六年、「大衆国家の成立とその問題性」で、現代政治の構造論理を定式化して「大衆社会論争」となります。その折、一九六〇年の〈安保国民運動〉をみて、大衆の受動化を提起した松下大衆社会論の「破産」が安易に論じられました。だが、そこでは、ここでみているように、この大衆政治こそが、「問題解決」をめぐって、情報公開・市民参加の制度化とあいまって、逆に市民が活性化するという、現代政治の特性を私の批判者たちはみることができていなかったというべきでしょう。

しかも、この大衆政治には、また受動型高揚ともいうべき、「大衆熱狂」をともなうことがあります。この問題性は、最近は、ポピュリズムといわれています。かつては、シーザー主義ともいわれましたが、古代ローマのシーザーをモデルとする大衆煽動政治がその原型でした。現代にはいって、この「大衆熱狂」を背景とするポピュリズム、つまり大衆煽動政治の最初の実演者は、二〇世紀のはじめ、イギリスのロイド・ジョージでした。

ロイド・ジョージは、社会保障制度の財源として酒造家への増税を提起し、「大衆の福祉」と「抵抗の資本家」という図式を革命家気取りでつくりあげて、総選挙に勝利します。その勢いで再度、議会を解散して総選挙をおこない、保守抵抗派の牙場、貴族院の改革をも一挙におしすすめました。その結果、ロイド・ジョージは所属する自由党のその後の没落をもたらしたと、後世批判されています。小泉首相もこの「宴の後」と同型となるのでしょうか。

日本の二〇〇〇年代の小泉首相は、この疑似劇を日本で、ロイド・ジョージがめざした政治改革への決断からくる再度の解散もなく、郵政解散という、パンなきサーカスをミニ版として演じてしまったのです。そこには、マスコミにおける未熟な若い記者たちが興奮してえがきあげる首相と大衆との、歓呼による同調化さらに幻惑化という、マス・デモクラシーの論理による劇場政治が日本なりに、ギコチナク演出されます。当然、中間抵抗派排除という、ギリシャ、ローマの大衆煽動政治以来の論理も、そこにはたらいていました。日本の今日のマスコミにおけるジャーナリストないし若い記者たちは、『プルーターク英雄伝』（岩波文庫）などで、この古代の大衆煽動政治の教訓をかみしめておくべきでしょう。

事実、ポピュリズムの手法は、二〇世紀前半、マス・デモクラシー形成期に、二〇世紀後半以降のようにいまだ国境をこえる多元・重層型の市民活動が成熟していないため、マス・メディアを操作しながらマス・デモクラシーを、私のいう「マス・ナショナリズム」に裏返すかたちで、ムッソリーニ、ヒトラー、スターリン、またルーズベルト、チャーチルなど、当時のカリスマ政治家たちがもちいた、「大衆」の名での、《民主政治》の空洞化をつくりだす手法です。

この意味では、現代政治史からも私たちはしっかり学ぶ必要があります。この点について詳しくは、大衆社会論争の発端となった、前述一九五六年の拙稿「大衆国家の成立とその問題性」（拙著『戦後政治の歴史と思想』ちくま学芸文庫、一九九四年所収）を検討ください。ロイド・ジョージの疑似革命もこの論稿で位置づけています。

だが、市民政治の問題はここからはじまります。マス・メディアをつかったカリスマによる大衆操作、とくにシーザー主義ないしポピュリズムとなるマス・デモクラシーをいかに市民政治に再編するかという、現代民主政治をめぐる基本論点がここから登場します。この基本論点こそが、《市民政治》をかたちづくる問となります。

日本では、往々、市民活動ないし市民政治は自治体レベルの政治論点とみなされてきました。たしかに、私は市民政治をめぐって、市民の日常としての地域ついで自治体からの出発を強調しつづけて、その理論化にとりくんできました。

この私の立論の背景は、日本の一九六〇年前後、ついで今日も、「市民自治」を起点におく地域・自治体理論は日本全体としてみてあまりにも未熟で、明治以来の「国家統治」を原型とした後進国型国家理論が横行していたからでした。

かつて、この一九六〇年前後の日本では、地方自治の理論は、ブライスの「民主主義の小学校」という定義から演繹されるというナサケナイ状態だっただけでなく、自治体自体の理論についでは後進国一九世紀ドイツ官治理論を下敷に国家からの「派生」とみなされるにすぎなかったのです。今日でも、自治体の位置づけをめぐっておおくの理論家は、「国家」が許容する「団体自治」「住民自治」が論じるにとどまりがちです。

私は一九六〇年、「地域民主主義」「自治体改革」の提起、ついで「市民自治」「自治体政府」という発想を起点に、《都市型社会》における「地域特性」をもつシビル・ミニマムの公共整備という文明史的新課題から、市民→自治体→国というかたちで、「現代」自治体の政府性を位置づけます。この私の考え方は、日本では二〇〇〇年分権改革、あるいは市民→自治体→国という「補完」理論にたつ『EU地方自治憲章』、『国連地方自治憲章（案）』に先行していたため、当時のおおくの理論家たちは理解できなかったようです。

だが、《市民》という問題設定は、地域、自治体にかぎらず、国、国際機構をふくめて、すでにのべてきたように、今日の都市型社会の成立をめぐる文明史的展望で、いかに「政治主体」としての市民、ついで「制度主体」としての三レベルの政府を設定するかという、基本の問につながっています。事実、今日、市民活動は、地域規模だけでなく、国規模はもちろん、地球規模でも、図3（本書三〇頁）でみたように、くりひろげられているではありませんか。

ここで、このマスコミをくみいれた大衆同調の「大衆政治」と、たえざる市民主権の発動をめざす「市民政治」との緊張のなかで、《何》がそのたえざる転轍のシクミとなるのかという問ができます。これが、私の提起する、市民運動ついで世論の発生源の多元・重層化が起点という、民主政治の《分節構造》造出による大衆政治のたえざる再編です。これを、各政府レベルで共通するかたちで、図10で模型化しました。また図8（本書三三頁）も参照ください。

図10　各政府レベルでの政治の多元化模型

	〈問題点〉	〈可能性〉	〈政治原理〉
[1]	大衆操作	→市民活動の自由	＝1　市民自由
[2]	団体・企業の外郭団体化	→団体・企業の自由	＝2　社会分権
[3]	政党の未熟・腐敗	→政府・政策の選択・選挙	＝3　複数政党
[4]	政府（行政機構）優位の進行	→議会・長の分立、裁判所の独立	＝4　機構分立
[5]	市民の無関心・無気力	→政府への批判の自由（＋選挙）	＝5　市民抵抗

図10にみる大衆政治の〈問題点〉[1][2][3][4][5]をいかに〈可能性〉の論理へと転換して、自治体、国ついで国際機構という各政府レベルでの〈政治原理〉として制度化し、普遍市民政治（基本法）原理へとつなげていくかが、「大衆社会論」の提起以来、たえざる私の理論課題となっていたのでした。

この問題設定は、政治学最大の理論家アリストテレス、ついで大衆政治をめぐるヨーロッパの古典であるトックヴィル、J・S・ミル、またこの論点での二〇世紀の現代古典であるイギリスのラスキ、ドイツのウェーバー、フランスのジュヴネル、アメリカでのフリードリッヒなどの問題設定とつながっています。

日本で戦前から戦後にかけて、**図8**（本書三三頁）にみた近代化I型段階の〈国家対個人〉あるいは〈権力対自由〉という、近代国家観念の形成者ホッブスにふくまれる緊張論理が、たえず、しかもひろく、前提とされつづけてきました。たしかに、一時期、II型段階の「階級闘争」観念への移行もありましたが、ここでもこの緊張論理が日本で続いていたのです。これは後述の日本における個人の「精神」ないし「内面」を強調する《私文化》状況からくるのですが、思想状況の日本特性といってもよいほど、日本でひろがる知識人一般の思考堕性となっていました。

だが、とくに一九八〇年代以降、都市型社会の成立にともなう、分権化・国際化の激流は、私が**図3**（本書三〇頁）で構築したように、政治構図自体を五層化して、国家の位置を、自治体、国、国際機構という政府三分化のなかで相対化してしまうことになります。

この現代社会の構造特性をなす《分権化・国際化》に対応した、この三政府各レベルでの批判・参画という多元・重層化は、具体的には、**図10**に整理したかたちで進行します。だが、いまだ、この現代政治の分節性という特性についての理論展望を、日本の政治学・憲法学、行政学・行政法学をはじめ、ひろく社会理論は成熟させていないことに注目すべきでしょう。このような日本の社会理論のズレのうえに、「国家」観念をかざす国レベルでのオールド・ライト系政治家が、結果としてマス・デモクラシーとしてのポピュリズムにおちいったとみるべきです。

現実にはすでに、政府の三分化は、**図3**（本書三〇頁）にみたように、あらゆる生活領域での分権化・国際化を反映してすでに進行し、私たちは今日、地域規模、国規模、地球規模で緊張する個別の争点・論点にとりくまざるをえなくなっています。このため、マス・デモクラシーを「マス・ナショナリズム」に転化していく一国閉鎖型ポピュリズムは、二〇世紀前半とは異なって、二一世紀の今日ではたえず破綻していきます。

とくに、この政府三分化をめぐってたちおくれているのは、テレビ、新聞の論調や記事です。たしかに、この三レベルに記者クラブなどで対応しているようにみえますが、圧倒的に国レベルの内閣・各省庁の記者クラブないし国レベルの政治家へのブラサガリのニュースが多く、実質としては、国の内閣・省庁によるマスコミ操作につらなっていきます。そこでの個人記者たちは、各社相互の競争にさらされて、かえって同調型相乗効果をたかめて、いわゆる「風」が吹き、国レベルでの同調デモクラシーをさらに「幻惑デモクラシー」におしすすめます。

とすれば、大衆同調性を突破する世論の複数化、さらに多元・重層化には、この意味で、マスコミないしジャーナリストたちの責任もおおきく問われます。今日周知となっているのですが、日本における閉鎖型の記者クラブないしブラサガリをいかに改革するかをめぐって、これまでも工夫がもとめられてきたにもかかわらず、成果がでていないのも問題です。

とくに、NHKあるいは民放のテレビでは、総務省の電波監理による寡占の持続とあいまって、テレビ独自の政官業複合を構築しています。その結果、日本のマス・デモクラシーの多元化・重層化という課題には対応できないシクミができあがっていることになります。むしろ、同調型のマスコミ職場慣習に追従して、当事者たちはこの多元化・重層化という問題意識すら未熟といってよいでしょう。

このような政治性をもつ日本のマスコミの同調性については、戦前の政党政治は別の考察を必要としますが、戦後日本については、ムラ＋官僚組織という自民党の支配構造が持続し、政権交替がおこなわれなかったという、中進国型政治の硬着をみなければなりません。

もちろん、そこには、首長制（大統領制）の自治体レベルでは政府交替がおきるのに、国会内閣制をとる国レベルではなぜ戦後はおきなかったのかという、政府の制度構成をめぐる問も不可欠でしょう。さらには、ここで、国レベルで戦後もつづく、私が造語した、《官僚内閣制》という構造特性も、とくに注目すべきです。

日本の政治学・憲法学はこの「官僚内閣制」の正統化理論に今日も堕しており、行政学・行政法学も、安易に戦前型の内閣・省庁官僚組織が中核という国家統治型「三権分立論」（機構分立一般とは異なる）に安住して、この官僚内閣制にたいするラジカルな批判がみられません。そのうえ、二〇〇〇年代にはいっては、財政危機になるとともに、国、自治体に噴出しはじめた行政の劣化、さらに社会保険庁をはじめ行政の崩壊というべき事態すらひろがります。また、国、自治体を問わず、日本におけるこの行政の劣化をめぐっては、とくに規範論理の構築を自負していた憲法学・

行政法学は、その無力が露見したとみるべきです。

そのうえ、政治をめぐっては、未熟というよりも、幼稚化がすすんでいることは、すでにみました。この点では、選挙区世襲によるボンボンの二世、三世の議員・大臣の増大、とりわけ首相自体が三世世襲であるオールド・ライト系の小泉・安倍首相がつづきます。このため、政治家としての野戦経験ないし知恵・熟度の欠如がめだち、とくに外交では、小泉首相は靖国問題での東アジア関連、安倍首相は従軍慰安婦問題についてのアメリカ関連で、外務官僚の劣化とともに、失敗していきます。

しかし、今日、自治体、国いずれの行政機構でも、かつてのオカミとしての威信は喪失し、行政職員、官僚ともにその劣化がめだってきました。これまで、当事者の官僚自身も、細かな補助金のカショヅケ（地域指定）が、全国すみずみまで、完璧にできるという妄想すらもっていたのですが、その実質は、自由裁量という名の恣意で、族議員の政治家などや省庁外郭組織の圧力、また県への天下り官僚や省庁の地方出先機関の情報によっていたにすぎません。

そこにはタテマエとして、国の省庁官僚の絶対・無謬神話が明治国家以来つづいていたのでした。二〇〇〇年代にはいって、国ついでおおくの自治体も政策失敗や制度硬化をともなう財政破綻となって、このタテマエとしての絶対・無謬神話もくずれさったのです。

とくに、今日、日本の市民の政治課題としては、この行政の劣化、政治の未熟を突破して、福祉・都市・環境、つまり生活ないしシビル・ミニマム関連の個別政策の再設計、つまり問いなおしが急務となっています。だが、省庁官僚は、天下り先の制度開発に熱心でも、この緊急政策課題を先送りして、時代の転型が要請する政策・制度の再設計ないし立法改革をサボルというのが実態です。ここから、政治家の未熟とあいまって、日本の政策・制度つまり国法はますます「時代オクレ」となっていきます。この今日の事態には、とくに官僚のシゴトシタクナイ症候群がめだちます。

この官僚の現実を許容している政治家の未熟もあらためて問わざるをえません。変化のテンポのおそい、かつての農村型社会と異なり、変化のテンポのはやい、今日の都市型社会では、たえざる政策・制度再設計による立法改革の継続こそがもとめられています。ここからも、立法改革論なき、法解釈論どまりの日本の法学は、立法改革にとりくまない政治家ついで省庁官僚とともに、批判されるべきでしょう。

［だが、ようやく参議院で野党が戦後はじめて多数をしめた二〇〇七年秋以降、従来、官僚主導の「閣法」中心だった衆議院と異り、今後、参議院での「野党立法」「国政調査」があらためて注目されますが、国会をめぐる憲法運用も変っていくかもしれません。（補記）］

［6］ 政治文化としての市民自治

民主政治では、基本法をふまえて、各人一票の多数決による選挙手続をとるかぎり、政府の愚かさは、国際機構は国から構成されるため間接的ですが、自治体、国の政府いずれでも、その政府を選んだ私たち個人に問いなおされます。愚かな政府は愚民によってつくられ、賢い政府は賢民によってつくられるという、人民と政府の文化同一性という問題があらわれるわけです。

この基本論点が民主政治における「政治文化」、したがって「人間型」への問となります。つまり、民主政治としての市民政治は、市民という人間型を熟成させる「市民文化」の設定とあいまって、はじめて成立します。

ルソーは「民主政治は人民が神々のようでなければ不可能である」といったように、はたして人民は神々となりうるかという問題が、ここであらためてでてきます。民主政治は神々のような理性と誇りをもつ人間型としての《市民》を想定しているといって過言ではありません。

だが、私たちが神々でありえないかぎり、《市民》は、自由・平等という日常感覚、自治・共和という政治文脈を想定して、かくありたいという、私たちの可能性としての「規範人間型」にとどまるといわざるをえません。

ここが、オカミにたいする崇拝と甘えをもつ従来の「庶民」とのちがい如何という、日本型の〈市民問題〉というべきでしょう。たしかに、自治・共和に習熟するという、誇りと熟度をめぐる品性・力量、つまり貴族精神こそが、市民の個人人格における基本をかたちづくります。古代からの都市自治は、この都市支配層である市民、つまり都市貴族の自治・共和精神の誇り、さらにはその政治熟度にささえられていたのでした。

「現代」のマス・デモクラシーの現実でも、規範人間型でしかありえない市民を政治主体として想定しないかぎり、民主政治という基本法原理自体がなりたたないという矛盾にはいります。とすれば、一九六〇年前後に、日本ではじめてひろく言葉として定着しはじめたという歴史背景から、この《市民》という規範人間型を想定しうるようになった、普通の私たちが市民だということになります。だが、ここではまた、あたらしく、私たちは民主政治＝市民をめぐる循環論理におちいっているのです。

この循環論理を切断するのが、〈政治文化〉としての《市民文化》の成熟という問題設定になります。日常の発想・行動を文化というカタチにしていく市民文化の成熟がはじめて、個人の《市民性》を日常から「訓練」し、市民としての「熟度」つまり「品性・力量」をたかめるという文脈がでてきます。

それゆえ、市民の市民性は、拙著『社会教育の終焉』（一九八六年、筑摩書房、新版二〇〇三年、公人の友社）にみたように、明治国家型の官僚がくみたてた文部行政によって、戦後もひろくみられた道徳教育・社会教育といったような官治型の学校スタイルで育成されるのでないことになります。これでは、官僚主導の「大衆馴化」になるだけです。

むしろ、社会の生活・政治構造、とくに問題解決の政策・制度発生源を、図10（本書六九頁）を照応させてみていただきたいのですが、多元・重層化しながら、私たちの政治参加のチャンスをひろげるという、運動ついで実務のなかからしか、市民性は熟成できません。

とすれば、ムラ共同体、ついで領主・名望家支配がつづいた農村型社会では、特定地域での都市自治を例外として、自由・平等という生活感覚と自治・共和という政治文脈をもつ、市民という人間型の成立は不可能だったことになります。

ようやく、ムラ共同体ついで領主・名望家支配が終わる都市型社会にはいって、「砂」のような個人自体がみずからとりくむ、日常生活でのシビル・ミニマムの公共保障ないし問題解決をめざした、政策・制度づくりという市民活動によって、はじめて、市民としての政治訓練の広汎なチャンスがつくられることになります。

くわえて、政治・行政をめぐる市民参加・情報公開の制度化も不可欠ですが、それを拡大するマスコミ、最近ではITもふくめて、問題もあるものの、市民の政治成熟を加速する可能性をひろげます。私が大衆社会＝都市型社会と現代市民との、相関性を提起してきた理由です。

ここから、すでにみた「近代」市民と「現代」市民との相異も、あらためてはっきりさせることができるようになります。「近代」市民は、いまだ農村型社会ですが、とくに一六、七世紀、ヨーロッパにはじまる初期資本主義以降のブルジョアないし名望家、ついで独立自営業者を原型としています。「現代」市民は都市型社会の成立と対応するのですが、工業化にともなうプロレタリア化つまりサラリーマン化した人々が原型をかたちづくります。

この都市型社会への移行開始は日本では農業人口が三〇％をきる一九六〇年代ですが、その成立は農民人口が一〇％をきる一九八〇年代です。欧米先進国では都市型社会の成立は、ほぼ二〇世紀なかばということになります。

日本では、一九六〇年代からはじまるのですが、(a)経済の高成長によって急増するプロレタリア化した人々（↓工業化）が、(b)普遍市民政治原理をふまえる『日本国憲法』を前提に（↓民主化）、

⑴余暇と教養をもちはじめ、ついで⑵シビル・ミニマムの公共整備をめざすため、はじめて、「市民」の時代となってきたのです。

ここではじまった市民活動が、市民参加・情報公開についての制度化の試行をつづけ、官治・集権政治を自治・分権政治への転換をめざします。ついに日本でも「二〇〇〇年分権改革」が、「財源」ではいまだ再配分ができていないのですが、「権限」では制度改革として一応は達成することになります。

以上を歴史背景に、一九八〇年代以降では、この市民活動を起動因として、あらためて、国の省庁の行政劣化、政治家の政治未熟が赤裸々に露呈することになりました。とくに、この論点では、テレビは、行政劣化、政治未熟を可視化するため、その理論文脈は未整理としても、同時代に強大な影響をもつことになります。

だが、政治文化としてのこの市民性の成熟、つまり《市民文化》の形成は、当然ながら一朝一夕にはできません。工業化・民主化を文明軸とする都市型社会の「成立」は、日本では一九八〇年代とみますが、いまだに明治国家型の官治・集権政治はのこります。都市型社会にふさわしい自治・分権政治を二〇〇〇年分権改革が制度論理として準備したとはいえ、旧来の職務慣行はほぼのこり、都市型社会と官治・集権型政治・行政とのネジレをもちます。

ここで、日本の政治文化における、一国閉鎖性をもつオカミ崇拝という特性をあらためて再確認しておきたいと思います。官治・集権型オールド・ライト発想の安倍首相からみて、日本を「美しい国」とみたいのでしょうが、自治・分権型の市民発想からみれば、いまだ自由・平等、自治・共和の美しい「市民社会」にはほどとおい、官治・集権の国ということになります。そのうえ、岩山の国、砂漠の国もそれぞれ個性ある美しさをもつのであって、「美しい国」という想定自体、「国柄」ないしかつての「国体」発想につながるオールド・ライト固有の、政治の「実務性」を軽視する政治の「観念化」ともいうべき、独善発想にすぎません。

現実にも、大都市の幹線道路すらも電柱が林立し、広告が氾濫する日本の都市の再生こそが、その不可欠の条件というべきでしょう。そこでは、歴史からみて文化水準のたかかった特定地区をのぞいて、日本近代の建設・計画水準の低さもくわわって、地域生態、地域史、地域デザインへの発想を欠いた、「醜い家並」をも考える必要があります。

ここで、日本の大衆ドラマ「水戸黄門」を想起してください。今日の日本の人々、つまり庶民の政治発想の原型そのものがここにあります。日常生活ないし政治・行政に問題があっても、日本の庶民たちは問題解決の能力をもちません。悪代官や悪徳商人がいても、また泥棒やバクチウチがいても、日本の庶民はみずから「問題解決」するという政治熟度をもっていない。つまり、自治能力を欠いた受動型の庶民だったのです。今日でも、日本の政治家、ついで官僚をふくむ公務員も、市民からの批判・参画による政治訓練をあまりうけないため、オカミとしてイバルだけで、その政治未熟、行政劣化がつづきます。

これに比して、アメリカの大衆ドラマ「西部劇」では、現住民への弾圧・撲滅という半面があることを確認する必要がありますが、白人内部では未熟であっても「問題解決」の自治能力をしめします。政府が遠くにある西部開拓地では、ヒロバや教会にあつまって、失敗をふくめて、みずから議論・決定をしているではありませんか。J・S・ミルが、アメリカ人は「いつでも、どこでも政府をつくる」といった理由です。くわえて、ヨーロッパでも、中世におけるマグナ・カルタの制定や暴君放伐論、またロビン・フッド、ウイリアム・テルなどの抵抗、さらには近代市民革命をめぐる今日の市民性につながる、ゆたかな大衆ドラマをもちます。

日本ではオカミとしての水戸黄門がタマタマやってきて、官僚のスケサン、カクサン、最近のテレビでは忍者という特殊部隊すらつかって、上からの「問題解決」となります。黄門がこないところは、永遠に問題解決ができず、「東洋専制」ともいうべき忍従の日々がつづくのみです。

日本も、近代欧米の影響から出発した自由民権、大正デモクラシーの記憶はあるものの、中世の惣村・惣町の一揆をふくめ、ひろく誇りある自治の歴史つまり記憶がうすく、大衆ドラマもせいぜい「鼠小僧」「大塩平八郎」などにとどまります。都市型社会の今日でも、未来にむかって自治の伝統を、私たち自身がかたちづくることが急務になっているというべきでしょう。

ここにみた日本の大衆ドラマとアメリカの大衆ドラマとのストーリーの差が、いわば人間型ないし政治文化の相異を、典型としてしめしているのではないでしょうか。

あらためて想起したいのは、共和政治家マキャヴェリによる次のような問題の定式化です。マキャヴェリは、長年、専制政治のもとにいた人々は服従になれきっているため、あるとき共和政治に解放されたとしても、共和政治にみずからとりくむ熟度をもたない、といいきっています。共和政治、今日の言葉にいいなおせば民主政治には、長年の自治・共和をめぐる熟達した品性・力量の蓄積が、その市民たちに不可欠だからです。この市民の「品性・力量」をマキャヴェリは「徳性」（virtue）とよんでいます。

この「政治知恵」をふまえて、モンテスキューはその『法の精神』で、君主制の心性を恐怖、貴族制の心性を中庸とみなし、共和制の心性としてはこのマキャヴェリとおなじく市民の「徳性」つまり品性・力量をあげています。政治文化ないし人間型という論点をはずしては、民主政治ないし市民政治を論ずることができない理由を、ここで御理解いただけると思います。

日本におけるこの人間型の歴史変容については、拙稿「市民参加とその歴史的可能性」（拙編『市

図11　現代民主政治の系譜

市民参加	古代地中海文化圏→共和政治	自由権＝政治民主主義
法の支配	中世ヨーロッパ文化圏→立憲政治	
個人自由	近代ヨーロッパ文化圏→基本人権	
生活保障	社会主義理論→シビル・ミニマム	社会権＝社会民主主義

民参加』一九七一年、東洋経済新報社所収、のち拙著『昭和後期の争点と政治』一九八八年、木鐸社所収）を参照ください。

ところで、今日の日本でおきている事態は、自治・分権型の《市民社会》の成立にほどとおく、むしろ犯罪、偽造、事故、汚職の連続さらに行政の劣化による、社会自体の解体というべきでしょう。

日本をふくめて、ひろく「砂」のごとき大衆社会＝都市型社会は、前述したように新しく市民活動の起点となる反面、伝統のムラ感覚の崩壊が誘発する社会自体の解体という危機をみちびきだしていきます。そこには、庶民から団体・企業ついで政治家・官僚までの「モノトリ」の肥大、さらに大衆娯楽をともなうかたちでの「私文化」いわばミーイズムの肥大が横行します。

とすれば、市民の相互性から出発する市民文化としての市民規範・市民公準の日本における新構築が急務というべきでしょう。この市民規範・市民公準は、図2（本書二七頁）図4（本書三〇頁）に定式化したように、すでに『日本国憲法』のワク組となっており、私たち市民間では相互に常識となっている「世界共通文化」としての《市民良識》です。

この市民良識は、すでにみた古代からの人類史における共通良識としての、「私が欲するように他人にもなせ」という〈黄金律〉からの出発にほかなりません。日本でも、市民の相互性を確認する「明日はわが身」という諺があるではありませんか。これが《市民性》の原理です。「市民社会」といったむつかしい言葉をつかう必要もありません。

しかも、この市民の相互性から出発して、今日では「世界共通文化」（図5本書三二頁）としての普遍市民政治原理が構築されています。ここで、『国際人権規約』をはじめ、人権・平和をめぐる普遍国際法を想起してください（さしあたり手軽な国際条約集を参照）。この世界共通文化としての普遍市民政治原理は、それこそ『日本国憲法』前文に、「人類普遍の原理」とのべていますが、**図11**のように、この原理は人類の歴史のなかでつみあげられています。

日本のオカミ崇拝、とくに明治国家がつくりあげた国家統治型の政治文化を、市民自治型の政治文化に再編する市民文化の醸成が、規範人間型としての市民の大量熟成をめぐって、問われることになります。ここで、国家統治

図12　国家統治型と市民自治型の文化文脈

Ⅰ	発想形態	官治文化	対	自治文化
Ⅱ	空間感覚	私文化	対	公共文化
Ⅲ	生活態度	同調文化	対	寛容文化

型＝庶民文化と市民自治型＝市民文化という政治文化の二類型、これにともなう文化文脈の緊張を、図12のように整理しておきます。

この文化対立は、今日の日本では、学校や企業がその宣伝媒体としてきた野球と、地域でのサポーターが参加型でくわわるサッカーとの相異としても、目にみえるかたちで明確にあらわれるようになってきました。政治の変化の兆しがこのスポーツのあり方の類型対立というかたちでも、すでにあらわれているといえるでしょう。文化の転換と政治の転換とは相関する同型性をもちます。

なお、市民文化については、拙著『転形期日本の政治と文化』第2章「市民文化の可能性と自治」、第7章「文化の座標軸と政治文脈」（二〇〇五年、岩波書店）、『自治体再構築』第2章「市民文化と自治体の文化課題」（二〇〇五年、公人の友社）、またかつては『市民文化は可能か』（一九八五年、岩波書店）で、問題整理しています。

［7］「中進国」日本における市民成熟

最後に、日本の政治・行政、経済・文化の今日的問題状況をマクロに考えたいと思います。

まず、実証による現状分析では、このマクロでの問題のクミタテ、またその解答はえられません。日本の社会理論は戦後、アメリカの実証研究を安易にうけいれたため、実証中心になって生産性、実効性を失い、本書で設定したようなマクロの問題状況には接近できない思考様式となっています。

このため、バブル期にも、日本の省庁官僚、政治家による政策失敗からくるバブルであることを理解できず、「ジャパン・アズ・ナンバーワン」と外国におだてられて、日本は「先進国」状況にはいったと錯覚するとともに、日本の官僚は優秀と「速断」ないし「実証」したのが、その典型です。二〇〇〇年代の今日では、すでにみたように、日本の行政の劣化ないし崩壊こそが問題となり、政治についても未熟さらには幼稚化こそが問われています。

前述しましたが、「行政の崩壊」ともいえる社会保険庁問題が、その典型です。職員構成では、他の省庁とおなじく、いわゆる臨職までふくむ時代錯誤の身分編成となっていますが、長官ないし上層は厚生労働省の特権官僚の腰かけ型もあって、上層をふくめ職務倫理ないし勤務意欲は低いというわけです（後述）。

それに、この上層から下層までの天下りのために、外郭組織ないし外郭施設のムダを私たちの年金積立金でつくり、すでに周知となった膨大な損失をつくっていきます。本務の年金記録でも情報管理はズサンで、職員によるネコババすら制御できていなかったわけです。それに不可欠の装備であるコンピュータの水準も低く、これも随意契約のため市価よりもはるかに高い。広報関係でも、私たちの積立金のもちだしでのムダづかいをおこない、通常業務であるにもかかわらず、印税を担当職員はインマイポケットしていました。これでは、法規制とは別に考えられるべき、「公務員の犯罪」の見本市というべきでしょう。

のみならず、年金支払は、日本の行政法学では官治の「給付行政」だったため、資格者市民による「申請主義」となっていました。日本の行政法学は、戦前からの官治の官僚法学、講壇法学をひきついで、戦後も〈規制・給付〉という安易なテイクとギブの二元発想をとってきました。このため、保険料積立金を私たち市民からの信託という意識はうまれません。市民が信託した市民の膏血を官金とみなし、社会保険庁が「自由裁量」でつかえるとともに、年金支払は市民個人に対する国の政治義務ではなく、官による恩恵としての「給付」とみなしていたのです。

したがって、年金をめぐる市民の異議・疑問についての挙証責任は市民にあって、社会保険庁にはないという理論構成となっていました。社会保障をかつては憲法二五条による市民個人の「権利」とみなさなかった日本の戦後法学は、その問題点をここでも白日のもとにさらされ、破綻しているのです。くわしくは、前掲拙著『市民自治の憲法理論』（一九七五年、岩波新書）を参照ください。

このような二〇〇〇年代にもみられるサカダチした行政現実、とくに官僚法学さらに講壇法学の理論構成には、市民の《信託》による社会管理ないし社会工学としての行政という発想はありません。行政については、明治国家以来、情報非公開の国家統治秘術であると、今日も政治家、官僚・行政職員がひろく考えつづけています。市民↓政治↓行政という《信託》論理が、そこでは自覚されえないのです。

このような官治型の論点は年金だけでなく、市民福祉の生活保護、介護など、また地域づくりの都市計画、公共事業など、環境をめぐる食品衛生、公害など、あるいは文化についての学校教育、生涯学習、芸術振興、景観にいたるまで、ひろくみられます。つまり日本の官僚法学、講壇法学が今日も国家統治型にとどまり、市民自治型の理論構成に転換できていないことをしめしています。このような理論構成をもつ官治型政治・行政が存続している日本は、どうして先進国状況にあるといえるのでしょうか。

ＧＤＰでは世界第二位といわれるとしても、経済の技術水準はようやく先進国状況にはいってきたとはいえ、企業現実は、行政現実とおなじく、その法務・財務能力、さらに組織管理の生産性は低く、いまだ中進国状況にあると、国際的にはみられています。国際水準からみて、市民ルールのキーパーであるべき日本の弁護士、公認会計士も、市民性、国際性を欠きがちであるとともに、一国閉鎖性が強いという意識状況も想起してください。

そのうえ、日本の産業技術が大衆文化とともに、今日ようやく「世界共通文化」の一環をかたちづくりはじめているのですが、日本の知識人の多くはいまだに、日本文化を「実体化」し、温泉につかって「日本にうまれてよかったね」式の、「日本文化」独善を強調しつづける、中進国型知識人にとどまっています。文化をめぐっても、相互に移行するのですが、図5（本書三二頁）でみたように、「地域個性文化」、「国民文化」、「世界共通文化」に、今日、形態分化しているではありませんか。

政治・行政についていえば、次のような論点で、日本はいまだ中進国状況といわざるをえません。

I　自治・分権政治の未熟

国会内閣制を設定している『日本国憲法』の成立をみる戦後も、私のいう「官僚内閣制」による官治・集権政治は、自治体を国の「派生」機関つまり手足とみなし、市民自治から出発する自治・分権政治は想定されていなかったのです（拙著『政治・行政の考え方』第2章「官僚内閣制から国会内閣制へ」一九九八年、岩波新書参照）。

すでにみましたが、一九六〇年前後から日本は都市型社会にはいりはじめたため、ようやく「市民活動」ついで「自治体改革」の出発をみて、二〇〇〇年には「分権改革」となります。今日では国連の『国際地方自治憲章』（案）の原型となって、国際通説となった一九八五年の『EU地方自治憲章』は、すでに市民→自治体→国という、市民「補完」型の自治・分権政治を定式化していますが、日本の自治体はこの〈二〇〇〇年分権改革〉でようやく、自治体を国家機関とみなす「機関委任事務」手法を廃止し、自治体は国とおなじく、しかも国と異った政治課題をもつ〈政府〉という「権限」を制度論理としてはもつにいたりました。だが、個別の国法改革ついで職務慣習の改革もまだ充分でなく、そのうえ国・自治体間の「財源」再配分はたちおくれています。いまだに、中進国状況を脱却できていないというべきでしょう。

Ⅱ　政権交替の未熟

今日では公明党との連立でようやく政権を維持できているとはいえ、いまだに一九五五年に保守大連合として成立した自民党中心政権がつづいています。そこには、戦前からの「官僚内閣制」を中核に、政官業の既得権連合が国レベルから自治体レベルまで硬着しています。そこにひろがる政治腐敗、行政劣化を再編するには、複数政党制による政権交替しかありえません。

この日本の政治底辺から国の「官僚内閣制」にいたる政治硬着は、ムラ＋官僚組織という、その中進国型政治構造からきています。このムラ＋官僚組織を、都市型社会で必然化する市民活動が批判と参画によって流動化させ、しかもこの構造再編のなかからうみだされる市民文化の熟成がすすんでようやく、先進国型政権交替ができます。本書の最初にみましたように、日本におけるさらなる都市型社会の深化をみるとき、ようやく先進国型政権交替の現実性がみえてくるはずです。

以上の日本の政治・行政の今日的問題性のなかで、これまで国の近代化の機関車とみなされてきた官僚組織の劣化がきびしく露呈するとともに、破綻状況といってよいＧＤＰの一・五倍以上の政府借金にくわえて、さらには少子高齢化による人口の絶対減少、また高齢化による福祉費の増大という局面にはいっていきます。そこでは、犯罪、偽装、事故、汚職の増大による社会の解体もみられはじめ、都市型社会固有の治安コストの増大も加速するとみなければなりません。

つまり、日本は中進国状況のまま衰退するという「没落と焦燥」という危機状況にはいりつつあるとみるべきでしょう。しかし、「人心に不安をあたえる」というかたちでの安易なマスコミの言論自己規制のため、いまだに以上の論点は説得性のあるかたちでの整理・公開による論争にいたっておりません。

それだけではありません。安易でアイマイな言葉の魔術によって、日本の政治・行政の基本論点がかくされていきます。最近での流行用語をみておきましょう。

①安全・安心ネット

都市型社会では、すでにみましたように個人はカネというフローの個人所得だけでは生活できず、またこのフローがとだえる病気・事故・失業、老衰などがおきます。とすれば、社会保障、社会資本、社会保健の各課題領域でのシビル・ミニマムの公共整備、つまり公共ストックからなる憲法二五条の生活権保障が不可欠です。これが、農村型社会で安全・安心を保障するシクミだったムラ共同体の「慣習」と異なる、都市型社会の「政策・制度」の課題となります。

このとき、シビル・ミニマム、つまり「最低限度」(『日本国憲法』二五条)の公共保障をめぐって、個別の政策・制度について、指数によって明示される、基準設定とその財源負担がきびしく問われます。ここが御承知のように高福祉と低負担との緊張となるのです。「安全・安心」という言葉だけでの幻想にたよることはできません。

②コミュニティ

「砂」のごとき大衆社会としての都市型社会では、たしかにコミュニティというかたちでの幻想共同体がたえず願望されます。だが、日本の現実では、行政下請ないし行政区画としての、都市の町内会、農村の地区会がこのコミュニティの現実となります。もちろん、町内会・地区会がなくても自治体行政がなりたちますが、いまだ見識ある例外の自治体にとどまります。

戦時中とくに、政治・行政によって強化・再編されたムラ伝統の記憶がつよい町内会・地区会は、戦後GHQの解散指令にもかかわらず、物資配給の必要もあって持続しました。日本が都市型社会にはいる一九七〇年前後、官僚たちは町内会・地区会の崩壊という危機感をもち、経済企画庁主管でアメリカ・モデルのハイカラな「コミュニティ構想」を提唱します。だが、日本での町内会・地区会という旧来の現実に対応できず、このコミュニティ構想は失敗し、コミュニティ・

センターの旧自治省予算だけがのこります。

関西大震災前後からは、危機管理ないし防災を課題として、自治体、国は町内会・地区会の再編をはかっています。だが、すでに地域での加入率も順次低くなってきました。しかも、危機時には行政下請型老人支配の町内会・地区会は崩壊し、これにかわって熟度ある市民活動家層の自発的登場となることを強調しておきたいと思います。コミュニティという言葉を安易につかわないようにしたいものです。

③協働

市民「相互」の協働は当然です。行政への批判・参画という市民からの協働は〈参加〉といいます。としますと、今日新流行語の協働とは行政から市民への訴えとなり、結果として〈参加〉の骨抜きとして、職員による「市民とりこみ」あるいは市民における「オカミだのみ」となります。

たしかに、市民参加・情報公開の制度ないし手続を自治体基本条例などで制度化したうえでの、市民と職員との協働は当然といってよいでしょう。だが、すでに本書第四章でみましたように、市民と職員との関係は、自治体・国を問わず、緊張ないし反比例の関係にあります。また職員の給与も市民からでているだけでなく、自治体、国の政府の権限・財源も市民からの《信託》によっています。とくに、「公務員の犯罪」ともいうべき、財源のムダづかいは許されません。このムダづかいも、市民参加・情報公開の手続・制度の策定ができない各自治体の政治未熟からきます。協働という言葉をつかうとき、協働の手続化ないし制度化についての課題設定が、くりかえしのべてきましたように不可欠となります。でなければ、行政職員はいつまでもオカミにとどまるわけです。

以上の三つの流行用語はいずれも官治型の行政とむすびついたムラ共同体を想定していることに注目すべきでしょう。いまだに官治＋ムラ共同体を想定「したい」私たちの思考のヒヨワサを、これらの言葉はしめしています。

くりかえしますが、①「安全・安心ネット」をつかうとき、ミニマム基準の設定とその財源負担のむつかしさ、②「コミュニティ」ではたえず行政下請組織として職員が安易につかっている都市の町内会、農村の地区会の現状、③「協働」では、市民間の相互性としての協働は当然としても、市民からの参加をおきかえて、行政職員からの市民とりこみ、がこれらの流行用語の日本型文脈にかくされているとみるべきでしょう。

いずれも、農村型社会の心性の残映であるため、個人をこえる「全体意思」つまり共同幻想としての「私たち」が願望となっています。だが、この「私たち」は、都市型社会では、いわば「社会契約」を論理とする個人の相互性にとどまります。そのうえ、都市型社会での公共とは、個人をこえる全体ではなく、個人の相互性自体となります。

そのとき、政府は、自治体、国、国際機構のレベルを問わず、個人＝公共による、可謬・可変の〈道具〉にすぎません。政府はいつでも、選挙という、制度化された革命によって、とりかえうるのです。また、ある場合、個人はいつでも、転住あるいは国内・国外亡命ができます。ここが土着性をもつ農村型社会と、いつでも転住できるという流動性が加速する都市型社会との、決定的相異となります。

先進国状況の都市型社会では、中・後進国型国家観念は、最初から「市民」と「政府」とに分解しており、その政府も自治体、国、国際機構に三分化するとともに、個人つまり市民がこれら三レベルの政府をそれぞれの〈基本法〉によって「つくる」のです。この三政府レベルでは、市民による政策・制度の造出によって、公共は多元化・重層化されながら、たえず市民によって再構築されていきます。公共は、私たち市民以前の「普遍精神」ではなく、私たちがつくる多元・重層の政策・制度によってのみ実効となる仮設性にとどまります。

公共は、客観実在ではなく、市民の政策・制度策定によってたえず検証される仮設にすぎません。この公共についての私の考え方については、「公共概念の転換と都市型社会」拙著『転型期日本の政治と文化』（二〇〇五年、岩波書店）で御検討ください。

最後に、市民による政治への出発の起点にある自治体の課題をあげれば、あらためて次のように整理できます。

（1）市民の参加型自発性の結集

（2）シビル・ミニマムの公共保障

（3）地域経済力をともなう都市・農村整備

（4）政治・経済・文化の分権化・国際化

（5）自治体機構の透明化・効率化・効果化

私が一九七〇年代から整理してきた、このような自治体の五課題については、ぜひ北海道地方自治研究所はたえず先行して、政策・制度改革の選択肢を提起していただきたいと思います。

今日では、《市民》という問題設定は、本日のべましたように、いわば抽象思考による人間型問題ではなく、政策・制度づくりによる問題解決、つまり自治・共和型の実務における人間型問題であります。いわば、官治・集権型から自治・分権型への日本転型は可能かという問にむすびついています。

くりかえしのべましたように、たしかに市民の成熟は永遠に未完の課題です。この意味では、人間の可謬性、試行性そのものをふまえないかぎり、この《市民》という問を設定することはできないともいえます。

私たち個人は、プロレタリア化しているがゆえに、都市型社会個有の自由感と無力感をもっています。だが、つまるところ、政治発生源、いわば「批判と参画」の発生源の多元・重層化という、市民訓練・市民熟成のチャンスの拡大をめざす、民主政治の〈分節化〉が不可欠だと、あらためて強調したいと思います。

私の旧稿「市民的人間型の現代的可能性」は、規範人間型としての市民の新しい可能性を、日本における市民活動の出発時点である一九六六年、定位しましたが、若き日の私の試論でした。それから丁度四〇年をへた二〇〇〇年代の今日、私たち市民は、日本の「没落と焦燥」という予感のなかで、現実の政治・行政あるいは経済・文化をめぐって、すでにみたような多元・重層の現実課題にとりくまざるをえません。

明治に成立した国家主導の「進歩と発展」いう歴史楽観は日本でも終わり、今日では、あらためて政策・制度づくりという実務の次元をめぐる文化としての「成熟と洗練」が、市民の《品性・力量》というかたちで問われています。市民の〈市民性〉とは、「市民の相互性」に基礎をおく、この品性・力量の成熟と洗練を意味します。

（本書は、二〇〇七年六月二〇日、北海道地方自治研究所における講演の記録に補筆しています。）

著者紹介

松下　圭一（まつした・けいいち）
法政大学名誉教授
１９２９年生まれ。福井県出身。元日本政治学会理事長、元日本公共政策学会会長

【主著】「シビル・ミニマムの思想」（東京大学出版会）〔毎日出版文化賞〕。「市民参加」（編著）（東洋経済新報社）〔吉野作造賞〕。「政策型思考と政治」（東京大学出版会）〔東畑精一賞〕

また、「都市政策を考える」、「市民自治の憲法理論」、「日本の自治・分権」、「政治・行政の考え方」、「自治体は変わるか」（いずれも岩波新書）、「都市型社会と防衛論争」、「社会教育の終焉［新版］」、「自治体再構築」（いずれも公人の友社）

最近では「戦後政党の発想と文脈」（東京大学出版会）、「転型期日本の政治と文化」（岩波書店）、「現代政治＊発想と回想」（法政大学出版局）など多数。

刊行にあたって

歴史的な事情もあって、北海道は中央に依存する遅れた地域とイメージされ、北海道自身もまたそのような北海道観を持ち続けてきたように思われます。けれども北海道には、地域固有の政策資源を活用した必然性のある地域づくりを進める自治体や、自治基本条例・議会基本条例の発祥の地であることが示すように、果敢に政策・制度の開発にいどむ自治体が多数あります。見方を変えれば、北海道はパイオニア自治体の宝庫でもあります。

私たち北海道地方自治研究所は、そうした自治体の営為、いわば自治の先端的な「現場」と直接・間接にかかわりながら、北海道における自治の土壌を豊かにすることを願って、市民・自治体職員・長・議員のみなさん、また研究者の方々とともに、各種の研究会・講演会の開催、調査活動、月刊「北海道自治研究」誌の発行などを行ってきました。そうした当研究所のこれまでの活動に、このたび「北海道自治研ブックレット」の刊行を加えることにしました。

自治をめぐる環境や条件は大きく変化しています。今後も続く市民活動を起点とする分権改革、また国の政策失敗を主因とする自治体財政の窮状は、自治体の自立および運営における自律の規範と機構の確立をいっそう強く求めています。このような状況にあって、自治体を市民の政府として構築するためには、市民自治の理論・方法・技術をみがくことが不可欠となっています。このブックレットの刊行が、これらの課題にこたえる一助となれば幸です。

教える者と教わる者が固定化し、上下や序列で区別される時代は終わりました。自治体職員・長・議員を含めた市民が培う生活的・職業的専門性をいかす観点から、人・テーマ・時・場に応じて、自由に立場をかえて教えあい学びあう、いわば相互学習の広場にこのブックレット刊行の事業を育てたいものです。ブックレットを通じて、普遍性ある豊かな自治の構想や理論、斬新な営為との出会いが厚みを増していくことを願っています。

二〇〇七年八月

社団法人・北海道地方自治研究所　理事長　神原　勝

北海道自治研ブックレット No. 1
市民・自治体・政治　再論・人間型としての市民

2007年8月22日　初版発行　　定価（本体1，200円+税）

著　者　松下　圭一
企　画　（社）北海道地方自治研究所
発行人　武内　英晴
発行所　公人の友社
〒112-0002　東京都文京区小石川5－26－8
TEL 03－3811－5701
FAX 03－3811－5795
Eメール koujin@alpha.ocn.ne.jp
http://www.e-asu.com/koujin/

「官治・集権」から

「自治・分権」へ

市民・自治体職員・研究者のための

自治・分権テキスト

《出版図書目録2007.8》

公人の友社
112-0002　東京都文京区小石川５－26－８
TEL　03-3811-5701
FAX　03-3811-5795
メールアドレス　koujin@alpha.ocn.ne.jp

●ご注文はお近くの書店へ

小社の本は店頭にない場合でも、注文すると取り寄せてくれます。

書店さんに「公人の友社の『○○○○』をとりよせてください」とお申し込み下さい。５日おそくとも10日以内にお手元に届きます。

●直接ご注文の場合は

電話・ＦＡＸ・メールでお申し込み下さい。（送料は実費）

TEL　03-3811-5701　FAX　03-3811-5795
メールアドレス　koujin@alpha.ocn.ne.jp

（価格は、本体表示、消費税別）

北海道自治研ブックレット

No.1
市民・自治体・政治
再論・人間型としての市民
松下圭一　1,200円

地方自治土曜講座ブックレット

《平成7年度》

No.1
現代自治の条件と課題
神原勝　[品切れ]

No.2
自治体の政策研究
森啓　600円

No.3
現代政治と地方分権
山口二郎　[品切れ]

No.4
行政手続と市民参加
畠山武道　[品切れ]

No.5
成熟型社会の地方自治像
間島正秀　[品切れ]

No.6
自治体法務とは何か
木佐茂男　[品切れ]

No.7
自治と参加アメリカの事例から
佐藤克廣　[品切れ]

No.8
政策開発の現場から
小林勝彦・大石和也・川村喜芳
[品切れ]

《平成8年度》

No.9
まちづくり・国づくり
五十嵐広三・西尾六七　[品切れ]

No.10
自治体デモクラシーと政策形成
山口二郎　[品切れ]

No.11
自治体理論とは何か
森啓　[品切れ]

No.12
池田サマーセミナーから
間島正秀・福士明・田口晃　[品切れ]

No.13
憲法と地方自治
中村睦男・佐藤克廣　[品切れ]

No.14
まちづくりの現場から
斎藤外一・宮嶋望　[品切れ]

No.15
環境問題と当事者
畠山武道・相内俊一　[品切れ]

No.16
情報化時代とまちづくり
千葉純・笹谷幸一　[品切れ]

No.17
市民自治の制度開発
神原勝　[品切れ]

《平成9年度》

No.18
行政の文化化
森啓　[品切れ]

No.19
政策法学と条例
阿倍泰隆　[品切れ]

No.20
政策法務と自治体
岡田行雄　[品切れ]

No.21
分権時代の自治体経営
北良治・佐藤克廣・大久保尚孝
[品切れ]

No.22
地方分権推進委員会勧告とこれからの地方自治
西尾勝　500円

No.23
産業廃棄物と法
畠山武道　[品切れ]

No.25
自治体の施策原価と事業別予算
小口進一　600円

No.26
地方分権と地方財政
横山純一　[品切れ]

《平成10年度》

No.27
比較してみる地方自治
田口晃・山口二郎　[品切れ]

No.28
議会改革とまちづくり
森啓　400円

No.29
自治の課題とこれから
逢坂誠二　[品切れ]

No.30
内発的発展による地域産業の振興
保母武彦　[品切れ]

No.31
地域の産業をどう育てるか
金井一頼　600円

No.32
金融改革と地方自治体
宮脇淳　600円

No.33
ローカルデモクラシーの統治能力
山口二郎　400円

No.34
政策立案過程への「戦略計画」手法の導入
佐藤克廣　［品切れ］

No.35
98サマーセミナーから「変革の時」の自治を考える
［品切れ］

No.36
地方自治のシステム改革
辻山幸宣　［品切れ］

No.37
分権時代の政策法務
礒崎初仁　［品切れ］

No.38
地方分権と法解釈の自治
兼子仁　［品切れ］

No.39
市民的自治思想の基礎
今井弘道　500円

No.40
自治基本条例への展望
辻道雅宣　［品切れ］

No.41
少子高齢社会と自治体の福祉法務
加藤良重　400円

《平成11年度》

No.42
改革の主体は現場にあり
山田孝夫　900円

No.43
自治と分権の政治学
鳴海正泰　1,100円

No.44
公共政策と住民参加
宮本憲一　1,100円

No.45
農業を基軸としたまちづくり
小林康雄　800円

No.46
これからの北海道農業とまちづくり
篠田久雄　800円

No.47
自治の中に自治を求めて
佐藤　守　1,000円

No.48
介護保険は何を変えるのか
池田省三　1,100円

No.49
介護保険と広域連合
大西幸雄　1,000円

No.50
自治体職員の政策水準
森啓　1,100円

No.51
分権型社会と条例づくり
篠原　一　1,000円

No.52
自治体における政策評価の課題
佐藤克廣　1,000円

No.53
小さな町の議員と自治体
室崎正之　900円

No.54
地方自治を実現するために法が果たすべきこと
木佐茂男　［未刊］

No.55
改正地方自治法とアカウンタビリティ
鈴木庸夫　1,200円

No.56
財政運営と公会計制度
宮脇淳　1,100円

No.57
自治体職員の意識改革を如何にして進めるか
林嘉男　1,000円　［品切れ］

《平成12年度》

No.59
環境自治体とＩＳＯ
畠山武道　700円

No.60
転型期自治体の発想と手法
松下圭一　900円

No.61
分権の可能性
スコットランドと北海道
山口二郎　600円

No.62
機能重視型政策の分析過程と財務情報
宮脇淳　800円

No.63
自治体の広域連携
佐藤克廣　900円

No.64
分権時代における地域経営
見野全　700円

No.65
町村合併は住民自治の区域の変更である。
森啓　800円

No.66
自治体学のすすめ
田村明　900円

No.67
市民・行政・議会のパートナーシップを目指して
松山哲男　700円

No.69
新地方自治法と自治体の自立
井川博　900円

No.70
分権型社会の地方財政
神野直彦　1,000円

No.71
自然と共生した町づくり
宮崎県・綾町
森山喜代香　700円

No.72
情報共有と自治体改革
ニセコ町からの報告
片山健也　1,000円

《平成13年度》

No.73
地域民主主義の活性化と
自治体改革
山口二郎　600円

No74
分権は市民への権限委譲
上原公子　1,000円

No.75
今、なぜ合併か
瀬戸亀男　800円

No.76
市町村合併をめぐる状況分析
小西砂千夫　800円

No.78
ポスト公共事業社会と自治体
政策
五十嵐敬喜　800円

No.80
自治体人事政策の改革
森啓　800円

《平成14年度》

No.82
地域通貨と地域自治
西部忠　900円

No.83
北海道経済の戦略と戦術
宮脇淳　800円

No.84
地域おこしを考える視点
矢作弘　700円

No.87
北海道行政基本条例論
神原勝　1,100円

No.90
「協働」の思想と体制
森啓　800円

No.91
協働のまちづくり
三鷹市の様々な取組みから
秋元政三　700円

《平成15年度》

No.92
シビル・ミニマム再考
ベンチマークとマニフェスト
松下圭一　900円

No.93
市町村合併の財政論
高木　健二　800円

No.95
市町村行政改革の方向性
～ガバナンスとＮＰＭのあいだ
佐藤克廣　800円

No.96
創造都市と日本社会の再生
佐々木雅幸　800円

No.97
地方政治の活性化と地域政策
山口二郎　800円

No.98
多治見市の政策策定と政策実行
西寺雅也　800円

No.99
自治体の政策形成力
森啓　700円

《平成16年度》

No100
自治体再構築の市民戦略
松下圭一　900円

No.101
維持可能な社会と自治
～『公害』から『地球環境』へ
宮本憲一　900円

No.102
道州制の論点と北海道
佐藤克廣　1,000円

No.103
自治体基本条例の理論と方法
神原勝　1,100円

No.104
働き方で地域を変える
～フィンランド福祉国家の取り組み
山田眞知子　800円

《平成17年度》

No.107
公共をめぐる攻防
～市民的公共性を考える
樽見弘紀　600円

No.108
三位一体改革と自治体財政
岡本全勝・山本邦彦・北良治・逢坂
誠二・川村喜芳　1,000円

No.109
連合自治の可能性を求めて
サマーセミナー in 奈井江
松岡市郎・堀則文・三本英司・佐藤
克廣・砂川敏文・北　良治　他
1,000円

No.110
「市町村合併」の次は「道州
制」か
高橋彦芳・北良治・脇紀美夫・碓
井直樹・森啓　1,000円

No.111
コミュニティビジネスと
建設帰農
松本懿・佐藤　吉彦・橋場利夫・山
北博明・飯野政一・神原勝
1,000円

《平成18年度》

No.112
「小さな政府」論とはなにか
牧野富夫　700円

No.113
栗山町発・議会基本条例
橋場利勝・神原勝　1,200円

No.114
北海道の先進事例に学ぶ
宮谷内留雄・安斎保・見野全・佐藤克廣・神原勝　1,000円

No.115
地方分権改革のみちすじ
―自由度の拡大と所掌事務の拡大―
西尾　勝　1,200円

地方自治ジャーナルブックレット

No.2
政策課題研究の研修マニュアル
首都圏政策研究・研修研究会
1,359円［品切れ］

No.3
使い捨ての熱帯林
熱帯雨林保護法律家リーグ　971円

No.4
自治体職員世直し志士論
村瀬誠　971円

No.5
行政と企業は文化支援で何ができるか
日本文化行政研究会　1,166円

No.7
パブリックアート入門
竹田直樹　1,166円［品切れ］

No.8
市民的公共と自治
今井照　1,166円［品切れ］

No.9
ボランティアを始める前に
佐野章二　777円

No.10
自治体職員の能力
自治体職員能力研究会　971円

No.11
パブリックアートは幸せか
山岡義典　1,166円

No.12
市民がになう自治体公務
パートタイム公務員論研究会
1,359円

No.13
行政改革を考える
山梨学院大学行政研究センター
1,166円

No.14
上流文化圏からの挑戦
山梨学院大学行政研究センター
1,166円

No.15
市民自治と直接民主制
高寄昇三　951円

No.16
議会と議員立法
上田章・五十嵐敬喜　1,600円

No.17
分権段階の自治体と政策法務
松下圭一他　1,456円

No.18
地方分権と補助金改革
高寄昇三　1,200円

No.19
分権化時代の広域行政
山梨学院大学行政研究センター
1,200円

No.20
あなたのまちの学級編成と地方分権
田嶋義介　1,200円

No.21
自治体も倒産する
加藤良重　1,000円

No.22
ボランティア活動の進展と自治体の役割
山梨学院大学行政研究センター
1,200円

No.23
新版・2時間で学べる「介護保険」
加藤良重　800円

No.24
男女平等社会の実現と自治体の役割
山梨学院大学行政研究センター
1,200円

No.25
市民がつくる東京の環境・公害条例
市民案をつくる会　1,000円

No.26
東京都の「外形標準課税」はなぜ正当なのか
青木宗明・神田誠司　1,000円

No.27
少子高齢化社会における福祉のあり方
山梨学院大学行政研究センター
1,200円

No.28
財政再建団体
橋本行史　1,000円［品切れ］

No.29
交付税の解体と再編成
高寄昇三　1,000円

No30
町村議会の活性化
山梨学院大学行政研究センター
1,200円

No.31
地方分権と法定外税
外川伸一　800円

No.32
東京都銀行税判決と課税自主権
高寄昇三　1,000円

No.33
都市型社会と防衛論争
松下圭一　900円

No.34
中心市街地の活性化に向けて
山梨学院大学行政研究センター
1,200円

No.35
自治体企業会計導入の戦略
高寄昇三　1,100円

No.36
行政基本条例の理論と実際
神原勝・佐藤克廣・辻道雅宣
1,100円

No.37
市民文化と自治体文化戦略
松下圭一　800円

No.38
まちづくりの新たな潮流
山梨学院大学行政研究センター
1,200円

No.39
ディスカッション・三重の改革
中村征之・大森彌　1,200円

No40
政務調査費
宮沢昭夫　1,200円

No41
市民自治の制度開発の課題
山梨学院大学行政研究センター
1,100円

No42
《改訂版》自治体破たん
・「夕張ショック」の本質
橋本行史　1,200円

No43
分権改革と政治改革
～自分史として
西尾勝　1,200円

No44
自治体人材育成の着眼点
浦野秀一・井澤壽美子・野田邦弘・
西村浩・三関浩司・杉谷知也・坂口
正治・田中富雄　1,200円

No45
障害年金と人権
―代替的紛争解決制度と大学・
専門集団の役割―
橋本宏子・森田明・湯浅和恵・池原
毅和・青木久馬・澤静子・佐々木久
美子　1,400円

TAJIMI CITY ブックレット

No.2
転型期の自治体計画づくり
松下圭一　1,000円

No.3
これからの行政活動と財政
西尾勝　1,000円

No.4
構造改革時代の手続的公正と
第2次分権改革
手続的公正の心理学から
鈴木庸夫　1,000円

No.5
自治基本条例はなぜ必要か
辻山幸宣　1,000円［品切れ］

No.6
自治のかたち法務のすがた
政策法務の構造と考え方
天野巡一　1,100円

No.7
自治体再構築における
行政組織と職員の将来像
今井照　1,100円

No.8
持続可能な地域社会のデザイン
植田和弘　1,000円

No.9
政策財務の考え方
加藤良重　1,000円

No.10
市場化テストをいかに導入す
るべきか　～市民と行政
竹下譲　1,000円

朝日カルチャーセンター
地方自治講座ブックレット

No.1
自治体経営と政策評価
山本清　1,000円

No.2
ガバメント・ガバナンスと
行政評価システム
星野芳昭　1,000円

No.4
政策法務は地方自治の柱づくり
辻山幸宣　1,000円

No.5
政策法務がゆく
北村喜宣　1,000円

政策・法務基礎シリーズ
―東京都市町村職員研修所編

No.1
これだけは知っておきたい
自治立法の基礎
600円［品切れ］

No.2
これだけは知っておきたい
政策法務の基礎
800円

地域ガバナンスシステム・シリーズ
（龍谷大学地域人材・公共政策開発システム
オープン・リサーチ・センター企画・編集）

No.1
地域人材を育てる自治体研修改革
土山希美枝　900円

No.2
公共政策教育と認証評価システム―日米の現状と課題―
坂本勝　編著　1,100円

No.3
暮らしに根ざした心地良いまち
野呂昭彦・逢坂誠二・関原剛・吉本哲郎・白石克孝・堀尾正靱
1,100円

都市政策フォーラムブックレット
（首都大学東京・都市教養学部
都市政策コース　企画）

No.1
「新しい公共」と新たな支え合いの創造へ―多摩市の挑戦―
首都大学東京・都市政策コース
900円

シリーズ「生存科学」
（東京農工大学生存科学研究拠点
企画・編集）

No.2
再生可能エネルギーで地域がかがやく
―地産地消型エネルギー技術―
秋澤淳・長坂研・堀尾正靱・小林久著
1,100円

No.4
地域の生存と社会的企業
―イギリスと日本とのひかくをとおして―
柏雅之・白石克孝・重藤さわ子
1,200円

No.5
地域の生存と農業知財
澁澤　栄／福井　隆／正林真之
1,000円

No.6
風の人・土の人
―地域の生存とＮＰＯ―
千賀裕太郎・白石克孝・柏雅之・福井隆・飯島博・曽根原久司・関原剛
1,400円